PREPARACIÓN
AL DIPLOMA DE ESPAÑOL

Nivel C2

Pilar Alzugaray

Paz Bartolomé

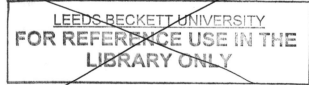

Primera edición: 2012
Primera reimpresión: 2013
Segunda reimpresión: 2015
Edelsa Grupo Didascalia, S.A. Madrid, 2012.
Autoras: Pilar Alzugaray, Paz Bartolomé.
Dirección y coordinación editorial: Departamento de Edición de Edelsa.
Diseño de cubierta: Departamento de Imagen de Edelsa.
Diseño y maquetación interior: Grafimarque S.L.

Imprime: Gómez Aparicio Grupo Gráfico

ISBN: 978-84-7711-980-7 ✓
Depósito legal: M-7611-2012

Impreso en España/*Printed in Spain*

CD Audio:
Locuciones y montaje sonoro: ALTA FRECUENCIA MADRID. Tel. 915195277, www.altafre-
cuencia.com
Voces: Juani Femenía, José Antonio Páramo, Ariel Tobillo (voz argentina), Octavio Eguiluz
(voz mexicana).
Las locuciones en las que aparecen personajes famosos son adaptaciones de entrevistas
reales. Sin embargo, las voces son interpretadas por actores.

Nota:
La editorial Edelsa ha solicitado todos los permisos de reproducción correspondientes y da
las gracias a quienes han prestado su colaboración.

ÍNDICE

Nota: Con el fin de familiarizarse con la estructura de este examen y dada su complejidad, se recomienda al estudiante empezar por el examen 6, ya que viene acompañado de todas las Pautas para los exámenes (pág. 126).

INFORMACIÓN GENERAL

Los Diplomas de Español como Lengua Extranjera (DELE) son títulos oficiales del Ministerio de Educación de España. La obtención de cualquiera de estos diplomas requiere superar una serie de pruebas.

El diploma DELE C2 equivale al nivel de Maestría, el sexto de los seis niveles propuestos en la escala del *Marco común europeo de referencia para las lenguas*. Acredita la competencia lingüística, cultural e intercultural que posee el candidato para:

■ Desenvolverse en cualquier situación comunicativa con total eficacia;
■ Mostrar una capacidad espontánea de adaptación a cualquier contexto;
■ Demostrar un grado de precisión elevado y un dominio sutil de los matices;
■ Dotar de fluidez natural, como la de un nativo, a todas sus intervenciones.

INSTRUCCIONES GENERALES

Como candidato a este examen deberá:

- Presentarse a las pruebas con **su pasaporte**, **carné de identidad**, **carné de conducir** o cualquier documento de identificación oficial.
- Llevar **un bolígrafo** o algo similar que escriba con tinta y un **lápiz del número 2**.
- Tener a mano **las cuatro últimas cifras del código de inscripción,** ya que tendrá que anotar estas cifras en cada hoja de respuestas.
- Ser muy puntual.

Antes de cada prueba el candidato debe:

- Comprobar la hoja de confirmación de datos.
- Completar o confirmar el número de inscripción de las hojas de respuesta.
- Aprender a rellenar con bolígrafo o con lápiz las casillas de las hojas de respuesta:
  - Hay dos hojas de respuestas para la prueba 1: la hoja 1 para las tareas 1, 2, 3 y la hoja 2 para las tareas 4, 5 y 6.
  - Estas **hojas de respuestas** se rellenan de la siguiente manera:
    • Nombre y apellidos, centro de examen, ciudad y país donde se examina (con bolígrafo).
    • Las cuatro últimas cifras del código de inscripción (con lápiz del n.º 2). El código se pone 2 veces, una con número y otra sombreando las casillas.
    • Tiene que marcar las respuestas del examen con lápiz del n.º 2.

¡ATENCIÓN!
FORMA DE MARCAR

CORRECTA

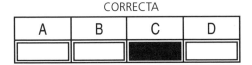

INCORRECTA

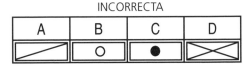

USE ÚNICAMENTE LÁPIZ DEL NÚMERO 2.
CORRIJA BORRANDO INTENSAMENTE.

Ojo: En algunos países o ciudades las hojas de respuesta vienen ya con los datos del candidato y las respuestas se rellenan solo con bolígrafo.

Importante:

Se requiere la calificación de *apto* en cada una de las pruebas en la misma convocatoria de examen. La puntuación máxima que se puede obtener en el examen es de 100 puntos y es necesario obtener el 70% en cada prueba. La calificación final es APTO o NO APTO.

El examen DELE C2 consta de **tres pruebas**:

PRUEBA N.º 1 Uso de la lengua, comprensión de lectura y auditiva (105 minutos).

Esta prueba se encuentra en el cuadernillo n.º 1. Tiene **dos partes**.

1. **Comprensión de lectura** (60 minutos). Consta de tres tareas que se completan en la hoja de respuesta n.º 1:
   - **Tarea 1:**
     - Apreciar distinciones sutiles de estilo y significado. Ejercicio de huecos de selección múltiple.
     - Texto complejo o especializado del ámbito académico, público y profesional (300-400 palabras).
   - **Tarea 2:**
     - Reconstruir la estructura de un texto. Colocar en su lugar correcto 6 párrafos eliminados de un texto.
     - Textos de ámbito público, profesional o académico (*blogs*, artículos…) (550-650 palabras).
   - **Tarea 3:**
     - Encontrar información específica en textos cortos. Relacionar 8 enunciados breves con los 6 textos.
     - Ámbito académico (100-150 palabras cada texto).
       Ver descripción detallada de cada tarea, pág.: 128, 131 y 134.

2. **Comprensión auditiva** (45 minutos aprox.). Consta de tres tareas que se completan en la hoja de respuesta n.º 2:
   - **Tarea 4:**
     - Comprender puntos esenciales de un texto. Escoger los 5 ítems que resumen el audio.
     - Texto auditivo de ámbito académico (conferencias, noticias radiofónicas…) (700 palabras).
   - **Tarea 5:**
     - Reconocer en un texto intenciones y consecuencias. Seleccionar la información aportada por la mujer, por el hombre, o por ninguno de los dos.
     - Texto auditivo de opinión, debates televisivos o radiofónicos (800 palabras).
   - **Tarea 6:**
     - Comprender e identificar datos específicos de un texto. Seleccionar la opción correcta.
     - Texto auditivo (entrevista, debate o reunión radiofónica o televisiva. (800-900 palabras).
       Ver descripción detallada de cada tarea, pág.: 138, 140 y 142.

PRUEBA N.º 2 Destrezas integradas: comprensión auditiva y de lectura y expresión e interacción escritas (150 minutos). Consta de tres tareas.

- **Tarea 1:**
  - Recoger información de una audición (5 minutos), que escuchará dos veces, y de dos o tres textos escritos (1 000 palabras).
  - Redactar un texto de extensión larga (400-450 palabras): cartas, informes, folletos…
- **Tarea 2:**
  - Transformar el género de un párrafo breve (150-250 palabras) haciendo los cambios necesarios.
  - Escribir un texto de entre 150 y 250 palabras.
- **Tarea 3:**
  - Analizar apoyos gráficos o estímulos escritos muy breves.
  - Redactar un texto escrito de un género determinado de unas 200-250 palabras.

Se han de seguir rigurosamente las instrucciones facilitadas en el enunciado de esta prueba de expresión escrita sobre número de palabras y formato del texto.
Ver descripción detallada de cada tarea, pág.: 144, 148 y 150.

PRUEBA N.º 3 Destrezas integradas: comprensión de lectura y expresión e interacción orales (30 minutos de preparación y 20 minutos de intervención). Consta de tres tareas.

- **Tarea 1:**
  - Comprender y transferir información de dos o tres textos (700-800 palabras) y uno o dos apoyos gráficos.
  - Realizar un monólogo a partir de estos materiales de unos 6-7 minutos.
- **Tarea 2:**
  - Entablar una conversación con el entrevistador a partir de los textos de la tarea 1.
  - Argumentar, aclarar o detallar lo que se le pregunte en tono formal. (5-6 minutos).
- **Tarea 3:**
  - Entablar una conversación informal con el entrevistador a partir de varios titulares de prensa.
  - Iniciar la conversación y explicar qué le parecen las opiniones reflejadas en ellos. (5-6 minutos).
    Ver descripción detallada de cada tarea, pág.: 152, 157 y 158.

En los exámenes originales los temas de cada una de las pruebas son diferentes entre sí. En este libro se ofrecen modelos de exámenes englobados por temas para facilitar el aprendizaje del vocabulario y el desarrollo de estrategias por parte del candidato.

Para más información le recomendamos que visite la dirección oficial de los exámenes http://diplomas.cervantes.es donde encontrará fechas y lugares de examen, precios de las convocatorias, modelos de examen y demás información práctica y útil para que tenga una idea más clara y precisa de todo lo relacionado con estos exámenes.

MEDIOS DE COMUNICACIÓN

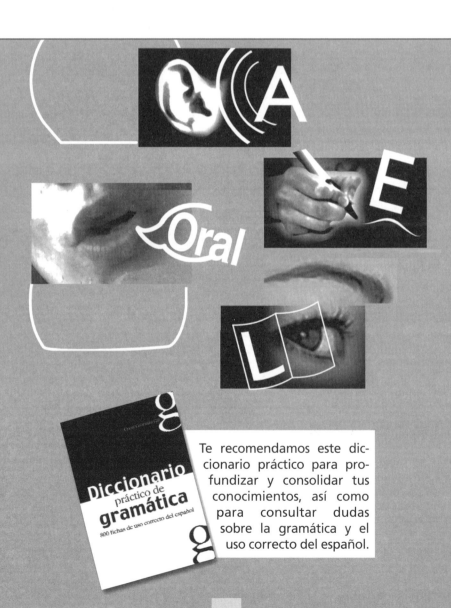

Te recomendamos este diccionario práctico para profundizar y consolidar tus conocimientos, así como para consultar dudas sobre la gramática y el uso correcto del español.

VOCABULARIO

FICHA DE AYUDA
Para la expresión e interacción
escritas y orales

PRENSA ESCRITA

Articulista (el/la) ....
Cabecera (la) ....
Cobertura (informativa) (la) ....
Columna (la) ....
Columnista (el/la) ....
Comunicado (el) ....
  - de prensa ....
  - de última hora ....
  - oficial ....
Crítica (la) ....
  - constructiva ....
  - feroz ....
Crónica (la) ....
Cronista (el/la) ....
Entradilla (la) ....
Imperio mediático (el) ....
Información (la) ....
  - anecdótica ....
  - fidedigna ....
Periódico (el) ....
  - tendencioso ....
  - veraz ....
Reseña (la) ....
Rigor en la información (el) ....
Rotativo (el) ....
Rumor (el) ....
  - alarmante ....
  - infundado ....
Tirada (la) ....
Veracidad (la) ....
Verbos y expresiones:
A los cuatro vientos ....
Acallar un rumor ....
Correr un rumor ....
Desmentir una noticia ....
Estar al filo de la noticia ....
Hacer oídos sordos ....
Hacerse eco de ....
Leer entre líneas ....
Publicar a toda plana ....

INTERNET

Brecha digital (la) ....
Internauta (el) ....
Pirata (el) ....
Portal (el) ....
Verbos y expresiones:
Colgarse el ordenador ....
Estar enganchado a Internet ....
Piratear ....
Saturarse la red ....

TV Y RADIO

Cuña publicitaria (la) ....
Cuota (la) ....
Emisión (la) ....
  - codificada ....
  - en abierto ....
Exclusiva (la) ....
Franja horaria (la) ....
Horario infantil (el) ....
Medios de comunicación de masas (los) ....
Radioyente (el) ....
Retransmisión (la) ....
Telebasura (la) ....
Telerrealidad (la) ....
Televidente (el) ....
Verbos y expresiones:
Captar una imagen ....
Congelar una imagen ....
Emitir ....
  - en diferido ....
  - en directo ....
  - en vivo ....
Retransmitir ....
Sintonizar ....
Televisar ....
  - un concierto ....
  - un partido ....
Emisora (la) ....

PUBLICIDAD

Anunciante (el) ....
Campaña virulenta (la) ....
Lanzamiento (el) ....
Lema (el) ....
Marca (la) ....
  - blanca ....
  - registrada ....
Mercadotecnia (la) ....
Muestra (la) ....
Patrocinador (el) ....
Patrocino (el) ....
Posicionamiento (el) ....
Publicidad (la) ....
  - contagiosa ....
  - desleal ....
  - parasitaria ....
Segmento de mercado (el) ....
Vallas publicitarias (las) ....
Verbos y expresiones:
Boca a boca (el) ....
Difundir ....

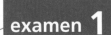
 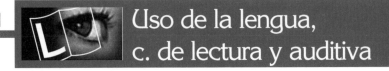

105 min

Tiempo disponible para las
6 tareas.

TAREA 1

A continuación va a leer un texto. Complete los huecos, 1-12, con la opción correcta, a), b) o c).

AZARES DEL OFICIO

Yo recortaba mis artículos del periódico y los guardaba en una carpeta con gomas: re-
liquias del pasado, del siglo pasado. Me asombraba y me _____1_____ una modesta
notoriedad local, y eso me animaba a escribir más, a _____2_____ de nuevo la posibilidad de una novela empezada y abandonada años atrás. Trabajaba de ocho a tres en
una oficina y por las tardes escribía. Dos amigos que sacaban adelante una pequeña
editorial de poesía, Silene, me propusieron que hiciera un libro con los artículos de
aquella serie ya concluida en el *Diario de Granada*. La vocación no sucede en el vacío,
y el poco o mucho talento que cada uno tenga no es nada sin ciertos _____3_____
decisivos, detrás de la mayor parte de los cuales hay al menos un _____4_____ de
generosidad. Los poetas José Gutiérrez y Rafael Juárez me animaron a reunir ese libro
de artículos, con una convicción que a mí me faltaba. El pintor Juan Vida me diseñó
gratis la _____5_____ y me asesoró en el mundo _____6_____ de las imprentas
locales. A mí me parecía una secreta indignidad publicar un libro pagándome yo mismo
la edición, pero los dueños de la imprenta eran también amigos, y hasta un conocido se
ofreció a llevar los _____7_____ de cinco en cinco por las librerías y las papelerías de
Granada. En el mundo exterior no había ni que pensar. Luis García Montero, Mariano
Maresca escribieron reseñas en periódicos de la ciudad. Entre unos y otros me daban
direcciones de escritores o críticos a los que sería conveniente que les mandara ejemplares dedicados.

Tener un libro con mi nombre en la primera página era algo y no era nada. Verlo en el
_____8_____ de la librería de un amigo; o en un _____9_____ de una papelería en la
que los cinco ejemplares dejados por mi distribuidor permanecían intactos cada vez que

yo entraba a comprar unos _____10_____ o simplemente a mirar de _____11_____ a ver si faltaba algún ejemplar. Vivía en la _____12`_____ de invisibilidad del aspirante a escritor confinado en su provincia. La frase de Pascal sobre la amplitud de los mundos que ignoran la existencia de uno me la aplicaba a mí mismo y a mi libro, que al menos llevaba el sello de la editorial Silene, ahorrándome así la habitual ignominia, edición del autor.

Antonio Muñoz Molina

Fragmento de www.granadablogs.com

1.	**a)** hastiaba	**b)** halagaba	**c)** agasajaba
2.	**a)** tantear	**b)** cavilar	**c)** indagar
3.	**a)** azares	**b)** sinos	**c)** riesgos
4.	**a)** hecho	**b)** acto	**c)** ademán
5.	**a)** cobertura	**b)** portada	**c)** encuadernación
6.	**a)** turbio	**b)** desatinado	**c)** recóndito
7.	**a)** ejemplares	**b)** escritos	**c)** tomos
8.	**a)** umbral	**b)** mirador	**c)** escaparate
9.	**a)** alféizar	**b)** aparador	**c)** anaquel
10.	**a)** pliegos	**b)** folios	**c)** legajos
11.	**a)** soslayo	**b)** un tirón	**c)** hito en hito
12.	**a)** congoja	**b)** condolencia	**c)** osadía

TAREA 2

A continuación va a leer un texto del que se han extraído seis párrafos. Después, lea los siete párrafos propuestos, a)-g), y decida en qué lugar del texto, 13-18, hay que colocar seis de ellos. Cuidado, hay un párrafo que no tiene que elegir.

La filosofía de la innovación

Jobs intentó enseñar más con su trabajo y con su vida que con sus clases magistrales. Cada palabra de sus discursos, concisos y llenos de sabiduría, ha marcado su revolución y la de las últimas generaciones.

13. _____ «Tu tiempo es limitado, no lo malgastes viviendo la vida de alguien distinto. No quedes atrapado en el dogma, que es vivir como otros piensan que deberías. No dejes que los ruidos de las opiniones de los demás acallen tu voz interior. Y, lo que es más importante, ten el coraje para hacer lo que te dicen tu corazón y tu intuición».

«Si hoy fuese el último día de mi vida, ¿querría hacer lo que voy a hacer? Si la respuesta fuese *no* durante demasiados días seguidos, sabría que necesitaba cambiar algo».

«Recordar que voy a morir pronto es la herramienta más importante que he encontrado para ayudarme a tomar las grandes decisiones en la vida. Porque casi todo, las expectativas externas, el orgullo, el miedo al ridículo o al fracaso, todo eso desaparece a las puertas de la muerte, dejando solo lo verdaderamente importante. Recordar que vas a morir es la mejor manera que conozco para evitar la trampa de pensar que tienes algo que perder».

«A veces la vida te va a golpear en la cabeza con un ladrillo. No pierdas la fe».

14. _____ Incluso demostró que su pensamiento estaba por encima de programas y pantallas: «Cambiaría toda mi tecnología por una tarde con Sócrates», aseguró a *Newsweek* en 2001.

Bajo el lema «Piensa diferente», centró el modo de actuar de su empresa, Apple, pero también del mercado tecnológico. 15. _____«El mercado para los ordenadores personales está muerto. La innovación ha cesado, Microsoft domina con muy poca innovación. Se acabó y Apple ha perdido. Ese mercado ha entrado en la edad oscura y va a estar ahí durante los próximos diez años».

En 1998, en una reunión con los accionistas de su empresa, Jobs advirtió de que «cuesta demasiado diseñar productos a partir de grupos cerrados. La mayoría de las veces la gente no sabe lo que quiere hasta que se lo enseñas». Pero «la innovación es lo que distingue a un líder de los demás», y él lo sabía.

16. _____

Más de 10 años antes, en 1985, el cerebro de Apple adelantaba la que iba a ser su forma de innovar: «Creemos que el Mac va a vender millones y millones. Lo hemos construido para nosotros mismos. Éramos el grupo de personas que iba a juzgar si era genial o no. No queríamos sacarlo y hacer investigación de mercado, queríamos construir el mejor posible».

17. _____ «Cuando eres un carpintero haciendo un mueble hermoso, no vas a usar un pedazo de mala madera para la parte trasera, pese a que esté pegada a la pared y nadie la vea. Tú sabes que está ahí. Para dormir bien por la noche, la estética, la calidad tienen que ser llevadas hasta el final».

Sus argumentos le sirvieron incluso para convencer a otro gran empresario, como el presidente de Pepsi-Cola, de que colaborase con Apple: «Es mejor ser pirata que alistarse en la marina estadounidense», le advirtió antes de retarlo: «¿Quieres vender agua azucarada el resto de tu vida o quieres hacer historia?». Y es que el magnate tecnológico era de los que creía que «hay que decir *no* a mil cosas para estar seguro de que no te estás equivocando o intentas abarcar demasiado», pero «si tú lo deseas, puedes volar, solo tienes que confiar mucho en ti».

18. _____ Una ambición que pudo nacer «gracias a un chico de 20 que hace algunos años tuvo un accidente de coche y falleció, pero fue generoso. Espero que todos seáis igual de generosos».

www.elmundo.es/especiales/tecnologia/steve-jobs/frases.ht

FRAGMENTOS

a)

Jobs era consciente de que el diseño lo era todo: «La gente piensa que no es importante, que es una simple decoración de interiores. Para mí, nada es más importante en el futuro que el diseño, es el alma de todo lo creado por el hombre». Y dijo más:

b)

Lo que ha conseguido, como él mismo advertía, es hacer «una muesca en el universo» o «un poco de historia». «Aunque no siempre hemos sido los primeros, seremos los mejores porque la innovación es lo que distingue a un líder de los demás».

c)

Tras la renuncia, Apple anunció que Steve Jobs ocuparía el cargo de presidente del directorio y que Tim Cook resultó seleccionado para reemplazarlo como presidente ejecutivo, tal como lo recomendó el cofundador de la compañía.

d)

Su intervención en la Universidad de Stanford el 12 de junio de 2005, cuando ya sabía que sufría cáncer de páncreas, podría convertirse en un manual filosófico de los valores en la posmodernidad.

e)

Ya en 1996, Jobs fue capaz de predecir en una entrevista en *Wired* que aunque no hubiera nada que revolucionara el mundo tecnológico, lo que existía estaba a punto de desaparecer:

f)

«No puedo ir a preguntarles a los consumidores qué es lo que desean porque durante el tiempo que esté desarrollándolo van a desear algo nuevo». Así que optó por darles lo que él pensaba que querían.

g)

Antes ya había dejado claro que el dinero no era parte de su felicidad. Lo dijo en una entrevista en *The Wall Street Journal* en 1993: «Ser el más rico del cementerio no es lo que más me importa. Acostarme por la noche y pensar que he hecho algo genial... Eso es lo que me importa».

TAREA 3

A continuación va a leer seis reseñas de libros sobre publicidad, a)-f), y ocho enunciados, 19-26. Marque a qué reseña corresponde cada enunciado.
Recuerde que hay textos que deben ser elegidos más de una vez.

a) *El universo publicitario. Una historia global de la publicidad,* de Mark Tungate

A través de entrevistas realizadas por Mark Tungate a nombres legendarios en el sector como Bill Bernbach y David Ogilvy, o a empresas destacadas como la agencia japonesa Dentsu, el autor analiza el desarrollo de la publicidad en el ámbito internacional desde sus orígenes modernos hasta el momento actual. En una época en que la eclosión de nuevos medios digitales y el posible fin de los hábitos publicitarios televisivos amenazan con cambiar la naturaleza del sector, *El universo publicitario* es una útil guía que ofrece una perspectiva de la industria publicitaria global y aventura buenas pistas sobre su evolución en el futuro.

www.muchoslibros.com

b) *No logo,* de Naomi Klein

¿Por qué el nombre de algunas empresas suele identificarse con el trabajo clandestino y la explotación laboral? ¿Por qué algunas de las marcas más respetadas del mundo se están viendo acosadas por virulentas campañas en su contra? La misión de este libro es explicar la irritación que amplios sectores de la sociedad están empezando a sentir contra las grandes marcas. Pero, de paso, nos invita a un periplo fascinante: desde las más lujosas tiendas de ropa de las grandes ciudades a ciertos talleres de Indonesia en los que el trabajo se convierte en degradación. Desde los grandes centros comerciales hasta los cuarteles de los activistas que atentan contra las vallas publicitarias o de los piratas informáticos que han declarado la guerra a las multinacionales que violan los derechos humanos en Asia, Naomi Klein desenmascara la llamada «nueva economía» y desvela el modo en que ha incumplido todas sus promesas.

Adaptado de www.casadellibro.com

c) *El mono cansado: Reflexiones sobre publicidad,* de Juan Miñana

En los últimos años hemos asistido a la publicación de libros técnicos sobre publicidad o, como mucho, a la de memorias autocomplacientes de creativos publicitarios estrella. También hemos sido testigos del despertar de una conciencia antisistema que cuestiona el poder de las marcas comerciales. Pero aún no se había publicado un ensayo que abordara el fenómeno publicitario con armas literarias. Juan Miñana ha reunido a lo largo de los años abundante información para tratar de conocer al enemigo. *El mono cansado* ofrece una visión inteligente y desenfadada de un fenómeno que ha rebasado con creces sus fines comerciales para convertirse en un componente básico de la realidad cotidiana.

www.lecturalia.com

d) *Privacidad y publicidad,* de Beatriz Colomina

Beatriz Colomina propone una manera innovadora de afrontar la historia y la teoría arquitectónicas. Descubre con gran lucidez la interacción entre la imagen de la ciudad y la cultura de las imágenes. Su libro demuestra que la arquitectura moderna solo puede entenderse cuando se lee conjuntamente con la fotografía, el cine, la publicidad, la moda y otras formas de exposición visual. Al examinar la arquitectura a través del filtro de los medios de comunicación de masas, Colomina dota a la crítica arquitectónica de un punto de vista extraordinariamente ágil y cambiante. Con gran ingenio, la autora recurre a las herramientas de las teorías cinematográficas, la mirada y el espectador, y las utiliza para entender el espacio arquitectónico. De este modo, Colomina propone repensar radicalmente la arquitectura moderna como medio de comunicación de masas y, al hacerlo, da cabida también a los problemas de género.

www.cendeac.net

e) *El libro rojo de la publicidad,* de Luis Bassat

El libro es un resumen de lo que es la publicidad hoy en día: «La publicidad es el arte de convencer consumidores», es el puente entre el producto/servicio y el consumidor. Por ello, la publicidad que más gusta es la que más vende.

Bassat da mucha importancia a la construcción de la marca, pero siempre teniendo en cuenta en todo el proceso la creatividad (que el producto sea deseable, que tenga un posicionamiento relevante, que persuada...). Que la marca sea más que un valor añadido.

El producto en publicidad se convierte en el protagonista de la comunicación. Todo comunica: envase, diseño, posicionamiento, precio, distribución, red de ventas... Pero hay que tener en cuenta las motivaciones que residen en el interior del ser humano (estímulos y frenos) a la vez que hay que distinguir entre el consumidor y el comprador, averiguar el funcionamiento del proceso de compra... En definitiva, investigar para formalizar la estrategia de comunicación publicitaria: crear, cambiar y consolidar actitudes en el consumidor, de forma que se cree una campaña capaz de perdurar y donde el mensaje se adecue a las características de los medios.

www.fundacioncoso.org

f) *Redacción publicitaria. Técnicas para aprender a crear anuncios publicitarios,* de Raúl E. Beltrán y Cruces

Son muy pocos los textos que se publican en español sobre la redacción publicitaria en castellano. Muchas veces sucede que las peculiaridades gramaticales del inglés, que figuran en un manual estadounidense importado, se explican o enseñan como si fueran las del español.

Esta penetración lingüística, desgraciadamente, va acompañada de otra cultural o ideológica. Y el autor es consciente de ello cuando insiste en que «lo publicado se basa en ejemplos de mercado de personalidad socioeconómica y cultural muy diferente de la nuestra». No se puede analizar o persuadir una sociedad desde la perspectiva de otra. Y eso debe saberlo cualquier profesional de la publicidad.

Por ello, el autor clama que «ya es tiempo, y con la globalización se hace urgente, de que los publicistas latinos pensemos en castellano y basemos nuestras motivaciones en nuestra ancestral riqueza cultural y en nuestra verdadera realidad económica».

www.maecei.es

PREGUNTAS

19. Esta reseña hace referencia a una obra, bien documentada, que es pionera e innovadora en la forma de acercarse a la publicidad.

a)	b)	c)	d)	e)	f)

20. En esta reseña se anima a los publicitarios a encontrar una voz propia, libre de influencias ajenas.

a)	b)	c)	d)	e)	f)

21. Según la reseña, para elaborar este libro el autor ha interrogado a insignes publicitarios.

a)	b)	c)	d)	e)	f)

22. El autor de este libro analiza el hecho publicitario de una forma aguda y desenvuelta.

a)	b)	c)	d)	e)	f)

23. El libro objeto de esta reseña ofrece un sugerente recorrido sobre un fenómeno publicitario a través del cual se muestran y se denuncian los excesos de la economía de mercado.

a)	b)	c)	d)	e)	f)

24. En esta reseña se habla de un libro que es un compendio de la diversidad y variedad de elementos que conforman la publicidad.

a)	b)	c)	d)	e)	f)

25. Esta reseña se centra en un libro que ofrece una nueva perspectiva de análisis e interpretación de una disciplina ajena, hasta este momento, a los medios de comunicación.

a)	b)	c)	d)	e)	f)

26. La obra a la que se refiere esta reseña ofrece algunos indicios sobre el porvenir de la publicidad.

a)	b)	c)	d)	e)	f)

Anote el tiempo que ha tardado:

Recuerde que solo dispone de **60 minutos**

TAREA 4

A continuación, va a escuchar un fragmento de una conferencia del sociólogo Felipe López-Aranguren titulada Manipulación y medios de comunicación. *Deberá elegir las cinco opciones que resumen la conferencia entre las doce que aparecen, a)-l). Escuchará la audición dos veces.*

Dispone de un minuto y cuarto para leer las opciones.

OPCIONES

a) Los encabezamientos de los artículos nos ayudan a estudiar las noticias.

b) Entre el 80 y el 85% de las informaciones están controladas por los imperios mediáticos.

c) La ideología de la gente está manipulada por las agencias de información que, a su vez, lo están por los imperios mediáticos.

d) Si una noticia no aparece en los medios de comunicación, es como si no existiera.

e) El conferenciante opina que los medios de comunicación funcionan como una empresa, y que el periodista no trabaja para la gente, sino para el negocio.

f) El lenguaje periodístico está lleno de eufemismos y dobles significados.

g) Los ciudadanos estamos permanentemente controlados por los medios de comunicación.

h) El monopolio del discurso es una forma de control que influye sobre la estructura social y económica.

i) El efecto retórico de las palabras maximiza el impacto de la noticia.

j) El conferenciante opina que no siempre la noticia tiene impacto sobre nosotros, pero sí su insistente repetición.

k) Lo importante en una noticia es la razón, no su difusión teatral.

l) Los comunicadores consiguen interpretar las noticias de forma que importa más el espectáculo que la información.

Señale por orden las opciones elegidas.

27	28	29	30	31

CD I

Pista 2

TAREA 5

A continuación va a escuchar a dos personas que participan en un debate televisivo sobre el tema ¿Qué televisión merecemos? Después deberá marcar qué ideas expresa el hombre (H), cuáles la mujer (M) y cuáles ninguno de los dos (N) entre las 15 frases que aparecen, 32-46.
Escuchará la audición dos veces.

Dispone de un minuto para leer las frases.

OPCIONES

	H	M	N
32. Los elementos cuantitativos son los que mueven el tipo de televisión que tenemos.			
33. El eterno debate es que no se hace responsable a la audiencia de lo que ve en la televisión.			
34. La televisión actual tiene muchos canales donde elegir, pero poca pluralidad.			
35. No todo el mundo se comporta igual ante los estímulos televisivos, pues depende de su formación y capacidad crítica.			
36. El espectador no tiene un comportamiento doloso o culposo, sino los creadores de los programas.			
37. Las personas se enfrentan ingenuas a los programas de televisión.			
38. El mercado publicitario está controlado en un 90% por la fusión entre Antena 3 y La Sexta.			
39. Según la curva de audiencia, se hace una televisión dirigida a los impulsos más primitivos del espectador, independientemente de su cultura.			
40. La televisión es fundamentalmente un medio de aprendizaje.			
41. Un programa basura es más perjudicial entre la población que un telediario.			
42. Los debates de la radio son llamados también *de agitación*.			
43. Para muchas personas la televisión es la única forma de divertirse en su tiempo libre.			
44. Una de las funciones de la televisión es la distracción de la audiencia.			
45. Los objetivos de la programación televisiva a veces son malintencionados.			
46. A todos nos perjudica el tipo de televisión que tenemos hoy en día.			

CD I

TAREA 6

Pista 3

A continuación va a escuchar una entrevista a Jordi Hurtado, presentador del concurso Saber y ganar. *Después, seleccione la opción correcta, a), b) o c), para contestar a las preguntas, 47-52. Escuchará la entrevista dos veces.*

Dispone de un minuto para leer las preguntas.

PREGUNTAS

---

47. El entrevistado dice que:

a) Graban durante mucho tiempo seguido varios programas.

b) Él y los concursantes se ven cada 24 horas.

c) Siempre se nota que llevan muchas horas grabando.

48. Jordi Hurtado opina que:

a) Las filiales siempre hay que valorarlas positivamente.

b) Los programas de televisión oriundos de España tienen más éxito que los de las filiales.

c) Han conseguido no decaer y seguir entusiasmados.

49. El entrevistado informa de que:

a) Conmemorarán el décimo aniversario del concurso con todos los concursantes que han pasado por *Saber y ganar*.

b) Se grabarán algunos programas especiales con los creadores del mismo.

c) Una ONG recibirá el dinero ganado por los concursantes de los programas especiales.

50. Jordi Hurtado dice que:

a) Hay muchas similitudes entre *Saber y ganar* y *Si lo sé no vengo*.

b) Dejó de ser un aficionado de los medios en Radio Barcelona.

c) Los concursos de conocimientos son frecuentes en la radio.

51. Para el entrevistado, *Si lo sé no vengo*:

a) Tenía un formato muy novedoso.

b) Le sirvió para encontrar una fórmula innovadora.

c) Consiguió que la televisión privada compitiera con la pública.

52. Jordi Hurtado:

a) Ha actuado como pirata en el teatro.

b) Tiene una voz maleable que se adapta a muchos registros.

c) Cree que los programas en horario nocturno no tienen el mismo éxito.

Anote el tiempo que ha tardado:

Recuerde que solo dispone de **105 minutos**

PRUEBA 2  Destrezas integradas: c. auditiva y de lectura y expresión e interacción escritas

150 min
Tiempo disponible para las 3 tareas.

TAREA 1

La empresa para la que usted ha empezado a trabajar le ha encargado que realice un informe sobre el estado actual del mercado español de libros electrónicos y su aceptación y uso entre la población, ya que va a sacar al mercado un nuevo modelo. Para su elaboración usted dispone de una audición de una tertulia relacionada con el tema, un artículo sobre la opinión de algunos escritores y un análisis sobre las ventajas e inconvenientes del libro electrónico.

Va a escuchar la tertulia dos veces. Tome notas y utilice las tres fuentes proporcionadas, seleccionando la información que considere relevante. A continuación organícela y redacte el informe.

Número de palabras: entre 400 y 450.

Audición 1   El libro electrónico

CD I

Pista 4

TEXTO 1

¿Qué piensan los escritores de los libros digitales?

Uno de los temas más recurrentes a la hora de entrevistar a escritores consagrados es la posición que toman frente a las nuevas tecnologías, a la publicación digital y en general a los cambios que está sufriendo la empresa editorial frente al auge de los lectores digitales y el reemplazo de las pantallas sobre los libros en papel.

El escritor Mario Vargas Llosa expresó hace poco que se siente un poco perplejo y preocupado por el futuro de la
5 literatura y agregó que teme que el avance de la tecnología empobrezca y frivolice el ámbito de los libros.

Pese a todo, considera que el libro de papel no desaparecerá, como algunos pronostican, porque existen muchos lectores acérrimos que no lo permitirán, aunque el número sea reducido, mientras haya unos pocos, el libro se mantendrá a flote.

Por otro lado, Rosa Montero también apuesta por la lectura de libros digitales y distribuye su última obra *Lágrimas*
10 *en la lluvia* en los dos formatos.

Asegura que es una aficionada a las nuevas tecnologías. «Soy una persona hipertecnológica y creo que el libro digital trae muchos avances. Sin embargo, creo que hay una falta de gestión gubernamental en este campo y una tardía regulación por lo que temo las graves consecuencias que puede traer esto al sector».

Montero agrega que los que dirigen el mercado no están gestionándolo adecuadamente, en cuanto a la protec-
15 ción de los derechos de autor y demás cuestiones legales y a que se está tardando mucho en crear servicios útiles para evitar que se fomente la piratería; y asegura que no estamos preparados como sociedad para enfrentarnos a los inmensos cambios que puede traer la era del libro digital.

Nick Hornby, otro estimado escritor que recientemente ha lanzado dos nuevas obras, ha asegurado que esta vez decide apostar por el libro digital y serán publicadas exclusivamente para *e-readers* y vendidas conjuntamente.
20 Nick había solicitado ya la publicación de ambas obras en papel, pero ha decidido en el último momento distribuirlas en formato digital.

Cabe destacar que este escritor había asegurado hallarse completamente en contra de los *e-books* por lo tanto su decisión sorprende altamente al mundo de los libros.

Queda claro que muchos escépticos de este formato comienzan a darse por vencidos y aceptan que las posibilida-
25 des de las nuevas tecnologías pueden ser muy amplias. La cuestión que se debe tener en cuenta es la de siempre, saber hacer algo útil, profundo, interesante con los recursos con los que contamos.

www.poemas-del-alma.com/blog

TEXTO 2

El complicado negocio del libro electrónico

La red de redes ha generado, en muy poco tiempo, una serie de grandes cambios que están dejando obsoletos los modelos tradicionales del ocio audiovisual. Internet ha iniciado una guerra entre el inmovilismo deseado por algunos y la transformación necesaria que exige el progreso. La batalla ha llegado ahora, con mucho más retraso, al sector del libro. La digitalización, el paso
5 del soporte papel al *e-reader*, está siendo lenta y, aun así, nadie parecía preparado para ello: a día de hoy, el catálogo en castellano es escaso, muchos editores muestran reticencias, multitud de escritores siguen apostando por el papel, existe un gran temor a los efectos de la piratería en el negocio, el marco jurídico aún no está bien definido...
Aunque el *e-book* apenas ha iniciado su andadura en España, editores, libreros y profesionales
10 relacionados con la industria del libro y las nuevas tecnologías prevén que el libro electrónico representará el 50% del negocio de los editores en 2015.

El problema es de demanda
La Federación de Gremios de Editores de España (FGEE) ha hecho públicas unas cifras escandalosas sobre la piratería. Según el presidente de la federación, Antonio María Ávila, la piratería
15 digital causa ya en España, en el mundo del libro, pérdidas cercanas a los 150 millones de euros. La piratería afecta sobre todo a los libros científicos y académicos y viene a ser la evolución de la fotocopia ilegal, una práctica que genera unas pérdidas estimadas de 100 millones de euros. Antonio María Ávila ha explicado a *20minutos.es* los detalles de la situación. «En realidad solo sabemos que las pérdidas del sector se sitúan entre los 130 y los 200 millones de euros, por eso
20 dije que estarían en torno a los 150 millones. Actualmente se escanean los libros, se suben a Internet y se permite que se bajen sin autorización alguna. Hay que mejorar mucho en materia de defensa de la propiedad intelectual», comenta Ávila.

El problema es de oferta
Entre los usuarios, en cambio, impera la idea contraria a la de los editores: la opinión generalizada
25 es que no hay oferta. Albert Cuesta, periodista especializado en tecnología y editor de *CanalPDA*, afirma en declaraciones para *20minutos.es* que «pese a lo que sostienen las editoriales de aquí, sí existe demanda de libros digitales en español no satisfecha comercialmente. Basta con buscar cualquier título popular en los lugares adecuados de la red para comprobar que alguien se ha molestado en convertirlo y subirlo a algún servidor de descargas».
30 Los buenos editores tienen campo por delante como buscadores y financieros del talento literario.

La cuestión del IVA
Uno de los posibles atenuantes del miedo de autores y editores a la piratería es la reducción del precio del libro electrónico respecto al libro en formato físico, algo que haría que el producto fuese más competitivo. El problema es que, actualmente, pese al ahorro en los costes de impre-
35 sión, distribución y almacenaje (en torno a un 30%), los *e-books* son más caros que los libros tradicionales. ¿El principal problema? El IVA.
Los editores españoles han manifestado su intención de defender la reducción del IVA ante la UE, una postura que Sinde considera lógica. «Me parecen razonables esas peticiones porque siempre hablamos que la difusión de la cultura por Internet es el presente y el libro no debería ser muy
40 distinto si es en papel o si es electrónico», dijo.

http://www.20minutos.es

Preparación Diploma de Español (Nivel C2)

HACER UN INFORME EXPOSITIVO

Consiste en narrar un hecho o una secuencia de hechos sin análisis ni interpretaciones por parte del autor y por consiguiente, sin valoraciones. Este tipo de informe debe incluir antecedentes para que ayuden a comprender el hecho o hechos narrados. Ejemplo de informe expositivo puede ser aquel en que se narre lo relacionado con la realización de una actividad que implique visitas a una empresa, centro de producción, entrevistas, etc.

ESQUEMA DE INFORME:

NOMBRE DE LA EMPRESA

A la atención de: _____

TEMA/PROBLEMA

NOMBRE DE LA PERSONA QUE ELABORA EL INFORME

INFORME

Introducción:

En ella se presenta el problema y los objetivos buscados, se responde a las preguntas *¿para qué? ¿por qué?* y *¿con qué?*

Desarrollo:

Presenta los procedimientos o metodología utilizada para recopilar la información (experimentos, entrevistas, cuestionarios, visitas de información, etc.). En esta parte se responde a la pregunta *¿cómo?*

Conclusión:

Aquí se presentan los resultados obtenidos, utilizando cuadros, tablas, gráficos, ilustraciones, etc., se responde a la pregunta *¿qué se encontró?*

- Presente la información con objetividad: elimine toda subjetividad, opiniones, afectividad, sentimientos, etc.
- Mencione el mayor número de datos posibles: preséntelos en forma organizada y jerarquizada. Describa cada etapa realizada o cada paso seguido.
- Cite las fuentes de información consultadas.
- Utilice al escribir la primera persona del plural o la forma impersonal (*se encontró, se realizó,* etc.).
- Enfatice en el aspecto cuantitativo y no en el cualitativo.
- Use párrafos cortos y concisos y vocabulario formal.
- Escriba de forma clara, precisa, concisa y concreta desde el punto de vista del léxico, la morfología y la sintaxis.
- Presente toda la información necesaria.
- Exponga en forma concreta y precisa sus conclusiones y recomendaciones.

En todo informe deben incluirse los siguientes elementos:
   a) Propósito
   b) Método de recopilación de datos fiables
   c) Hechos
   d) Análisis y discusión
   e) Recomendaciones

TAREA 2

Usted trabaja en la redacción de un blog de su empresa y le han pedido que publique un artículo sobre cómo se puede hacer buen periodismo.

Para documentarse ha escuchado una conferencia sobre el tema. Usted ahora debe redactar el artículo utilizando todos los recursos que considere necesarios. Para ello dele una estructura coherente, corrija la puntuación y los posibles errores gramaticales y ortográficos, seleccione un léxico más preciso y elimine los rasgos propios de un hablante no nativo de español y las características del lenguaje oral.

Número de palabras: entre 150 y 200.

Consejos para hacer buen periodismo

Bueno, para distinguirnos de los demás los periodistas profesionales debemos mantener una ética profesional muy alta. Es una manera de distinguirnos de... la competición de periodistas ciudadanos, más o menos... no solo competición sino debemos identificar qué es el valor agregado que los periodistas profesionales pueden ofrecer al público. Y la ética, el compromiso al profesionalismo es una cosa, otra cosa es que actualizar, que los actualizamos en las nuevas tecnologías y... que nos dedicamos a mejorarnos en toda la profesión especialmente en la búsqueda de información, el análisis de la información, la habilidad de profundizar temas..., estas cosas son fundamentales en el perfil del periodista profesional. Y es, sí, debemos dedicarnos una capacitación continua.

El periodista colombiano Javier Darío Restrepo, un maestro de la ética, dice que no es justo difundir este información sin verificarla o sin procesarla como un periodista profesional debe hacer... y él pone en la mesa la cuestión de la justificación de difundir la información sin cualquier aplicación de juicio por el periodista. Nada más vamos a vertir toda la información y el mundo puede procesarla y es una pregunta legítima.

Para mí el medio no es tan importante como el contenido y siempre habrá una necesidad de información confiable y acertada y eso no va a cambiar. Otra cosa que no va a cambiar es la necesidad de gente que sabe escribir bien, explicar bien, analizar bien. Habrá siempre una demanda por las habilidades de los periodistas. La industria del periodismo en papel va a disminuirse, sin duda. Va ... hasta qué punto, nadie lo sabe.
(sic)

*Adaptado de
www.youtube.com*

TAREA 3

En el centro donde usted trabaja quieren hacer un estudio sobre la evolución del consumo de medios de difusión por parte de los españoles.

A partir del siguiente gráfico, que recoge la evolución de la Audiencia General de los Medios, elabore un breve informe para su empresa en el que se refleje la situación actual y haga una previsión del consumo para los próximos años.

Número de palabras: entre 200 y 250.

MARCO GENERAL DE LOS MEDIOS EN ESPAÑA

Evolución de la Audiencia General de los Medios

Consumo diario

Minutos

	Total	Diarios	Suplementos	Total Revistas	Revistas Semanales	Revistas Quincenales	Revistas Mensuales	Radio	Televisión	Internet	Cine
1997	354,1	15,0	2,0	5,7	4,1	0,2	1,5	100,2	231,2		
1998	339,7	14,7	2,2	4,8	3,1	0,1	1,6	95,8	222,2		
1999	339,7	14,2	2,0	4,5	2,8	0,1	1,6	95,0	224,0		
2000	344,8	15,2	2,3	4,6	2,8	0,1	1,7	94,8	222,4	5,5	
2001	350,5	15,0	2,3	4,5	2,7	0,1	1,6	93,8	226,0	8,9	
2002	371,2	15,4	2,0	3,9	2,4	0,1	1,4	102,9	235,0	12,0	
2003	401,5	15,9	1,8	3,9	2,2	0,1	1,6	117,7	245,6	16,6	
2004	399,9	17,1	2,0	4,3	2,4	0,1	1,7	114,8	238,8	22,9	
2005	382,1	16,5	1,8	3,7	2,0	0,1	1,6	109,7	221,7	27,4	1,3
2006	388,1	16,8	1,6	3,1	1,6	0,1	1,4	111,6	222,1	31,8	1,1
2007	386,9	17,0	1,7	3,5	1,8	0,1	1,6	108,1	220,0	35,6	1,0
2008	394,6	17,7	1,5	3,9	2,1	0,1	1,7	104,3	224,7	41,7	0,8
2009	407,3	15,6	1,4	3,4	1,9	0,1	1,4	107,7	229,0	49,4	0,8
2010	411,6	15,2	1,2	3,4	1,9	0,1	1,4	107,1	226,8	57,2	0,7

http://descargas.ismarketing.com

Anote el tiempo que ha tardado:

Recuerde que solo dispone de **150 minutos**

PRUEBA 3  Destrezas integradas: c. de lectura y expresión e interacción orales

20 min Tiempo disponible para las 3 tareas.

 30 min Tiempo disponible para la preparación de la intervención oral de esta tarea.

TAREA 1

LA PRENSA EN PAPEL Y LA PRENSA DIGITAL

Son grandes los retos a los que se enfrenta la prensa escrita en la era de Internet, en la que las nuevas tecnologías, la llegada de la prensa digital y del periodismo ciudadano están transformando la labor de la prensa tradicional.

Prepare una presentación de 6-8 minutos sobre La prensa en papel y la prensa digital *en la que explique al entrevistador:*

- cuál es la situación actual respecto al consumo de prensa en España y cuáles son sus previsiones;
- las principales ventajas e inconvenientes que tiene la lectura de prensa en papel o en formato digital;
- los peligros que suponen los medios digitales y el periodismo ciudadano para el periodismo tradicional.

Para preparar su intervención cuenta con los siguientes materiales de apoyo. Utilícelos todos, seleccionando de cada uno de ellos la información que considere oportuna:

- Gráfico 1. *Evolución de la prensa digital y escrita en España*
- Gráfico 2. *La prensa digital frente al papel*
- Texto 1. *Los medios digitales restan influencia a la prensa en la formación de opinión pública*
- Texto 2. *Participación activa de los ciudadanos*

Gráfico 1
Evolución de la prensa digital y escrita en España

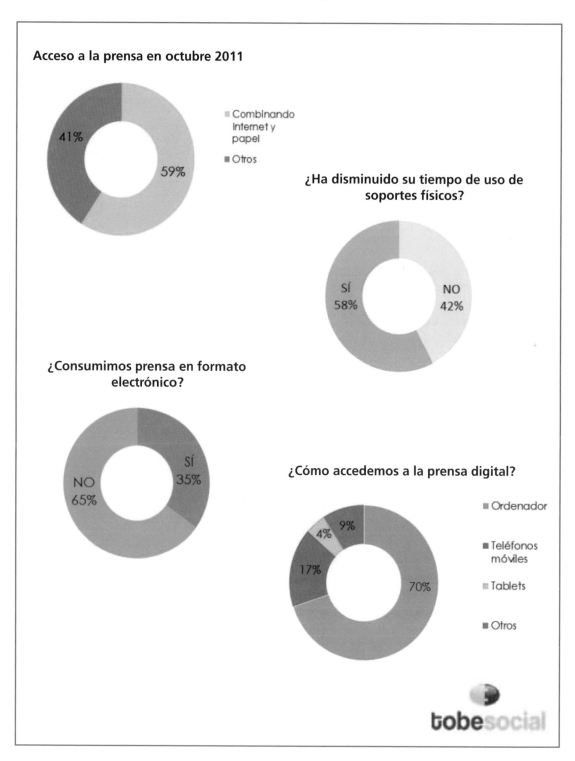

Acceso a la prensa en octubre 2011

41%

59%

◾ Combinando Internet y papel

◾ Otros

¿Ha disminuido su tiempo de uso de soportes físicos?

SÍ 58%

NO 42%

¿Consumimos prensa en formato electrónico?

SÍ 35%

NO 65%

¿Cómo accedemos a la prensa digital?

9%

4%

17%

70%

◾ Ordenador

◾ Teléfonos móviles

◾ Tablets

◾ Otros

tobesocial

http://es.tobesocial.net

Gráfico 2
La prensa digital frente al papel.
Comportamiento de los lectores de prensa diaria tradicional y *on-line*

INDIVIDUOS QUE NO HAN ACCEDIDO A NINGÚN DIARIO A TRAVÉS DE INTERNET EN LOS ÚLTIMOS 30 DÍAS		
MOTIVOS PARA NO ACCEDER	(000)	%
TOTAL (000)	7.953	100,0
No he accedido nunca a ninguno	1446	18,2
Mi conexión es muy lenta	599	7,5
En papel puede leerlo en cualquier sitio	3167	39,8
Me fío más de las noticias que aparecen en papel	153	1,9
Porque no tiene suplementos	175	2,2
La información de la Web es menos completa	677	8,5
Necesito un ordenador, un móvil y acceso a internet	975	12,3
No puedo acceder a las promociones / colecciones	171	2,2
La publicidad es más molesta en las páginas Web	1.231	15,5
No disfrutas de la lectura igual que al leer un diario en papel	2.978	37,4
No tengo/encuentro toda la información y contenidos que busco	472	5,9
Otros	602	7,6

MOTIVOS PARA NO ACCEDER A DIARIOS IMPRESOS		
MOTIVOS PARA NO ACCEDER	(000)	%
TOTAL (000)	1.272	100,0
No los he leído nunca	96	7,5
Antes leía en papel ahora no	395	31,1
No me tengo que desplazar a comprarlo	270	21,2
Visito la web del diario de mi región puesto que resido fuera de ella	6	0,5
A través de Internet puedo personalizar el orden en el que quiero leerlas	775	60,9
Puedo leer varios periódicos y webs *online* por el mismo precio	270	21,2
Puedo leer la misma información de un diario en papel a un menor precio	1.038	81,6
Puedo profundizar en los temas que me interesan	667	52,4
Puedo buscar información de hace tiempo	882	69,3
Otros	32	2,5

INDIVIDUOS QUE ACCEDEN A AMBOS TIPOS DE DIARIOS						
Preferencia para ….	Impresa		Electrónica		Ambas	
	(000)	%	(000)	%	(000)	%
TOTAL (000)	13.439	100,0	13.439	100,0	13.439	100,0
Mantenerme informado	1.493	11,1	5.943	44,2	6.004	44,7
Lectura de editoriales y columnas de opinión	7.908	58,8	1.949	14,5	3.582	26,7
Noticias de actualidad	898	6,7	7.463	55,5	5.078	37,8
Entretenerse / Distraerse	4.607	34,3	4.334	32,2	4.499	33,5
Temas en profundidad	7.695	57,3	2.377	17,7	3.367	25,1
Informarse sobre algo que deseo comprar	1.089	8,1	8.322	61,9	4.028	30,0

www.aimc.es

Texto 1

Los medios digitales restan influencia a la prensa en la formación de opinión pública

Juan Luis Cebrián, consejero delegado del Grupo PRISA y fundador del diario *El País*, ha ofrecido una conferencia en el Foro Innovatec en la que ha analizado los retos a los que se enfrenta la prensa escrita en la era Internet, en la que las nuevas tecnologías y la llegada de la prensa digital «están suponiendo una gran transformación en el periodismo y en el papel de los periodistas como mediadores de la información y formadores de la opinión pública».

Cebrián reflexionó sobre la evolución de los dos grandes ideales del periodismo, veracidad e independencia, apuntando que se está produciendo una pérdida de protagonismo de la prensa escrita en la formación de la opinión pública a favor de los nuevos medios digitales y canales de comunicación en la red, lo que puede influir negativamente en la calidad de la democracia.

Según el fundador del diario *El País*, «los periódicos han perdido su centralidad como formadores de la opinión pública a favor de un intercambio de información sin límites y gratuita a través de Internet, lo que puede acabar con la calidad y el rigor de la información, llegando así a un cambio en el modelo de la democracia representativa a una democracia participativa, en la que los propios usuarios de Internet son los informadores, los protagonistas y lectores de las noticias».

«La sociedad digital es una revolución que cambia la relación del poder con los ciudadanos», agregó.

Juan Luis Cebrián analizó igualmente el futuro de los medios de comunicación y señaló que el periodismo «se enfrenta a una situación en la que la cuestión decisiva no es si los periódicos van a seguir o no existiendo, sino cómo van a afectar los nuevos soportes a la calidad de la información. Se perderán oficios y profesiones ligadas al periodismo, pero no estamos condenados a desaparecer, sí obligados a cambiar. Debe haber periodistas para contar la verdad, mediar entre la realidad y el ciudadano y verificar y comprobar los hechos. Todo el conocimiento del mundo está en la red, en páginas web como Google, pero el papel de los periodistas es ayudar a comprender y a establecer unos sistemas de valores en la sociedad», apuntó.

Para el consejero delegado del Grupo Prisa, «las nuevas tecnologías son una oportunidad, no una amenaza, ya que a diferencia de otras técnicas innovadoras, que eran de sustitución, las tecnologías digitales son de integración, que permiten un gran número de nuevas posibilidades en el mundo del periodismo. Sin embargo, existe una actitud defensiva de los medios de comunicación hacia Internet y el mal uso de estas nuevas tecnologías puede acabar con valores y derechos fundamentales como la propiedad, la intimidad, la independencia, el rigor, la profesionalidad, etc.; valores que deben estar siempre presentes en las sociedades democráticas y en el periodismo».

Cebrián afirmó igualmente que las innovaciones tecnológicas afectan a la democracia y al desarrollo del sistema económico, «pero eso no existe en Internet. No hay una estructura económica en el periodismo digital, se hacen menos inversiones y no se garantiza la profesionalidad, la veracidad o la calidad de los contenidos».

www.lasrelacionespublicas.com

Texto 2

Participación activa de los ciudadanos

El denominado *periodismo ciudadano* implica el mayor grado de participación por parte de los ciudadanos en este nuevo sistema informativo. Pero los ámbitos de participación son muchos: el simple comentario en un medio, enviar datos y la información necesaria para que los medios investiguen el hecho, colaborar con los nuevos medios en sus secciones de participación o crear un medio en el que son los propios ciudadanos los que generan y distribuyen la información.

Ya estamos viendo que los usuarios generan sus propias historias y noticias y en un futuro, no muy lejano, gran parte del contenido informativo estará generado por no profesionales, por ciudadanos. Eric Schmidt, presidente de Google, afirma que: «El contenido generado por los usuarios va a ser uno de los aspectos más definitorios de Internet. (...) Este fenómeno, del cual YouTube es un ejemplo, creo que va a ser la expresión definitoria de la humanidad en los próximos 10 a 20 años».

Una de las acusaciones que se hace a los periodistas ciudadanos es la falta de credibilidad que ofrecen, no tienen detrás de ellos una gran marca o una gran cabecera que certifique, de algún modo, que lo que cuentan y publican está contrastado. Pero ya han surgido fórmulas para solucionar esta situación. Desde el medio ciudadano *allvoices.com* han lanzado, en fase beta, un medidor de credibilidad de las noticias de sus reporteros ciudadanos. Se trata de un indicador que aparece en la parte inferior de las noticias para determinar la fiabilidad de sus informes. Estos informes de credibilidad evalúan el contenido real de la noticia, así como la reputación de su autor.

En esto también se está produciendo un fenómeno de cambio, la credibilidad para las audiencias (sobre todo las más jóvenes) se basa en los autores, sean estos o no periodistas y no tanto en el medio al que representan. Esa reputación informativa se crea con el paso del tiempo y con la información generada, la credibilidad de lo publicado depende, en gran medida, de quien publica esa información, no de para quién se publica. El individuo es el que ahora genera esa credibilidad en la audiencia.

www.evocaimagen.com

En caso de que no se cumpla el tiempo mínimo de exposición (6 minutos), el entrevistador puede pedir al candidato que se extienda en algún punto o aspecto concreto que haya pasado por alto, antes de pasar a la siguiente tarea:

– *¿Cuáles son los principales motivos para acceder o para no acceder a la prensa escrita y a la prensa digital?*

– *¿Cómo pueden afectar los nuevos soportes digitales a la calidad de la información?*

– *¿Cuáles son los principales ámbitos de intervención del periodismo ciudadano?*

Preparación Diploma de Español (Nivel C2)

TAREA 2

CONVERSACIÓN SOBRE LA PRESENTACIÓN

En una conversación con el entrevistador sobre el tema de la tarea 1: La prensa en papel y la prensa digital, *amplíe la información, defienda con argumentos su propio punto de vista y personalice los temas. Duración: de 5 a 6 minutos.*

AMPLIACIÓN DEL TEMA

- **PRENSA ESCRITA, PRENSA DIGITAL.** ¿Acabará desplazando la prensa digital a la prensa escrita en papel? ¿Puede precisar en qué aspectos, según su opinión, la primera es superior a la segunda y viceversa?

- **LA LECTURA DE PRENSA EN INTERNET.** ¿Cree que el internauta, al exponerse a un exceso de información, puede llegar a abarcar demasiados temas sin profundizar en ninguno realmente? ¿Y no le parece que la falta de filtros y referencias de calidad en la información pueden hacer peligrar la objetividad del lector a la hora de formarse una opinión propia? ¿Puede explicar con detalle su punto de vista sobre estas dos preguntas?

- **EL PERIODISMO.** ¿Cree que la labor del periodista está amenazada por el intrusismo de los internautas espontáneos? ¿Habría que establecer límites entre el periodismo profesional y el periodismo aficionado? ¿En qué aspectos? ¿Podría matizar y precisar sus opiniones al respecto?

- **LIBERTAD EN INTERNET.** ¿Existe auténtica libertad en el uso y acceso a Internet en todo el mundo? ¿Crees que se podría o se debería llegar a legislar de forma más restrictiva sobre algún tema? ¿Podría señalar algún tema que debería legislarse, según su opinión? ¿Deben ser libres y gratuitos todos los contenidos de Internet? ¿Puede concretar qué temas podrían ser libres y cuáles no?

- **ALCANCE DE INTERNET.** ¿Cree que con Internet se pueden acelerar los cambios sociales y los procesos políticos en el mundo? En caso afirmativo, ¿serían cambios beneficiosos o perjudiciales para la humanidad? ¿Conoce algún ejemplo en que el uso de la red haya sido decisivo, en este sentido?

PERSONALIZACIÓN DEL TEMA

- **COMPARACIÓN** entre el uso de Internet en España y en su país. ¿Ve alguna diferencia destacable? ¿Puede matizar y precisar la respuesta? ¿Se imagina cómo sería el mundo actual si no se hubiera inventado Internet?

- **USO PERSONAL** de Internet. ¿Cuál es el uso habitual que hace de Internet? ¿Qué es lo que más le gusta o le interesa de la red? ¿Y lo que menos? ¿No le parece que existe el peligro real de que mucha gente se enganche a Internet? ¿Se podría hacer algo para impedirlo?

TAREA 3

Lea los siguientes titulares de prensa sobre el uso del teléfono móvil. Después inicie una conversación de tono informal con el entrevistador: ¿qué le parecen las opiniones reflejadas en estos titulares?, ¿está de acuerdo con alguna de ellas?, ¿por qué?

elmundo.es Madrid 24h

ESPAÑA | INTERNACIONAL | ECONOMÍA | CULTURA | CIENCIA | TECNOLOGÍA | COMUNICACIÓN | MADRID24H | DEPORTES | SALUD | más

Portada > Madrid

APROBADO EL BORRADOR DE ESTE NUEVO CÓDIGO

La Comunidad prohíbe el uso del teléfono móvil en las aulas

EL PAÍS.com | Sociedad

Sábado, 10/12/2011, 14:34 h | EL PAÍS en

Inicio Internacional Política España Deportes Economía Tecnología Cultura Gente y TV **Sociedad** Opinión Blogs SModa In English

Educación | Salud | Ciencia | El Viajero | El País semanal | Domingo

ELPAIS.com > Sociedad

Expertos insisten en que el uso de móvil puede producir cáncer en niños

En los próximos meses un estudio certificará o no esta creencia persistente los últimos 30 años

EFE - Madrid - 13/09/2011

EL PAÍS.com | Tecnología

Lunes, 19/12/2011, 19:42 h | EL PAÍS en

Inicio Internacional Política España Deportes Economía **Tecnología** Cultura Gente y TV Sociedad Opinión Blogs SModa In English

ELPAIS.com > Tecnología

CiberP@ís   volver a tecnología ►

Apple y Amazon quieren poner 'airbags' en sus móviles

Las compañías tienen presentadas patentes similares.- Amazon podría lanzar su teléfono en 2012

EL PAÍS - Barcelona - 18/11/2011

ABC.es | SOCIEDAD

Ir a abcdesevilla.es

ACTUALIDAD OPINIÓN DEPORTES CULTURA GENTE / ESTILO TV MULTIMEDIA BLOGS SALUD HEMEROTECA SERVICIOS

España Internacional Economía **Sociedad** Madrid Local▾ Ciencia Tecnología Medios y Redes Motor

ÚLTIMA HORA   Rajoy comparece a las 20.30 para dar su valoración tras el comunicado de ETA

SOCIEDAD

«Con el tiempo, usar el móvil será como fumar: la gente sabrá que es nocivo y se pensará si hacerlo»

► Tras ocho años en el negocio de la telefonía, Nino Treusch se pregunta en su obra «El conejo blanco» si realmente conocemos los verdaderos peligros de utilizar este tipo de aparatos

HISTORIA
Y
ARTES

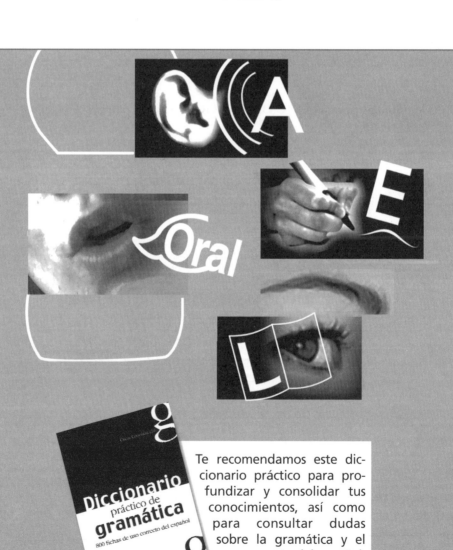

Te recomendamos este diccionario práctico para profundizar y consolidar tus conocimientos, así como para consultar dudas sobre la gramática y el uso correcto del español.

FICHA DE AYUDA
Para la expresión e interacción
escritas y orales

VOCABULARIO

ARQUITECTURA, DISEÑO Y URBANISMO

Adoquinado (el) ....
Alcantarillado (el) ....
Alumbrado (el) ....
Aparejador/-a (el/la) ....
Arquitectura sostenible (la) ....
Arrabal (el) ....
Asfaltado (el) ....
Bocacalle (la) ....
Bóveda (la) ....
Calzada (la) ....
Capitel (el) ....
Cemento (el) ....
Chabola (la) ....
Congestión de tráfico (la) ....
Contaminación acústica (la) ....
Cornisa (la) ....
Cúpula (la) ....
Delineante (el/la) ....
Descampado (el) ....
Ensanche (el) ....
Fachada (la) ....
Gestión de residuos sólidos (la) ....
Hormigón (el) ....
Indicador demográfico (el) ....
Medioambiental ....
Mobiliario urbano (el) ....
Muro (el) ....
Ordenación urbanística (la) ....
Parcela (la) ....
Paso de cebra (el) ....
Peatón (el) ....
Solar (el) ....
Suelo (el) ....
  - edificable ....
  - urbanizable ....
Tendido eléctrico (el) ....
Transeúnte (el) ....
Uralita (la) ....
Viandante (el) ....

Verbos y expresiones:

Apuntalar ....
Habilitar ....
Hacer chapuzas ....
Recalificar ....
Reformar ....
Ser todo fachada ....
Subastar una obra de arte ....
Subirse por las paredes ....
Tasar una obra de arte ....
Tirar piedras sobre su propio tejado ....
Valorar una obra de arte ....

MÚSICA

Comparsa (la) ....
Entendido/a (el/la) ....
Flamenco ....
  - bailaor/-a (el/la) ....
  - cantaor/-a (el/la) ....
  - palo (el) ....
  - tablao (el) ....
Melómano/a (el/la) ....
Nominación (la) ....
Premio cinematográfico (el) ....
Prodigioso/a ....
Ritmo pegadizo (el) ....
Tuna (la) ....
Virtuoso/a ....
Zarzuela (la) ....

Verbos y expresiones:

A dos voces ....
Ajustar el tono ....
Anunciar a bombo y platillo ....
Cantar a capela ....
  - como los ángeles ....
Canturrear ....
Corear ....
Dar la campanada ....
(Des)afinar ....
(Des)entonar ....
Entre pitos y flautas ....
Improvisar ....
Soltar (alguien) un gallo ....
Sonar a toda pastilla ....
Tararear ....
Tener oído ....
Tocar de oído ....
Tocar al compás ....

HISTORIA Y ARQUEOLOGÍA

Crónica (la) ....
Erudición (la) ....
Escaño (el) ....
Excavación (la) ....
Hemiciclo (el) ....
Historiografía (la) ....
Jeroglífico (el) ....
Leyenda (la) ....
Necrópolis (la) ....
Pueblos precolombinos (los) ....
Sesión de investidura (la) ....
  - plenaria ....
Ujier (el/la) ....

Verbos y expresiones:

Quedarse de piedra ....

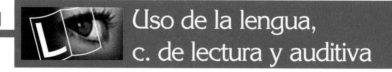

105 min

Tiempo disponible para las 6 tareas.

TAREA 1

A continuación va a leer un texto. Complete los huecos, 1-12, con la opción correcta, a), b) o c).

La imagen, congelada, muestra la parte izquierda del _____**1**_____ del Congreso de los Diputados: a la derecha se encuentran los _____**2**_____ ocupados al completo por los parlamentarios: en el centro, la tribuna de prensa_____**3**_____ de periodistas; a la izquierda, la mesa del Congreso, de perfil, con la tribuna de oradores en primer _____**4**_____. La imagen es la imagen acostumbrada de una sesión plenaria del Congreso en los primeros años de la democracia; salvo por dos detalles: el primero son las manos de los ministros y diputados unánimemente apoyadas en el reposabrazos delantero de sus asientos; el segundo es la presencia de un guardia civil en el hemiciclo: está _____**5**_____ en la esquina izquierda del semicírculo central, enfrentando a los diputados con el dedo en el _____**6**_____ del subfusil de asalto. Estos dos detalles aniquilan cualquier ilusión de normalidad. Son las seis y treinta y dos minutos de la tarde del lunes 23 de febrero y hace nueve minutos exactos que el teniente coronel Tejero ha irrumpido en el Congreso y que empezó el golpe de Estado.

Nada esencial varía en la escena si descongelamos la imagen: el guardia armado del subfusil vigila a izquierda y derecha dando pasitos _____**7**_____ por la alfombra del semicírculo central; los parlamentarios parecen _____**8**_____ en sus escaños; un silencio solo roto por un _____**9**_____ de toses domina el hemiciclo. Ahora el plano cambia y la imagen abarca el semicírculo central y el _____**10**_____ derecha del hemiciclo: en el semicírculo central los taquígrafos y un _____**11**_____ se incorporan después de haber pasado los últimos minutos tumbados en la alfombra, y el secretario del Congreso, Víctor Carrascal -a quien el principio del golpe sorprendió dirigiendo la votación nominal de _____12_____ de Leopoldo Calvo Sotelo como nuevo presidente del gobierno en sustitución de Adolfo Suárez-, permanece rígido, de pie y fumando bajo la tribuna de oradores; en cuanto al lado derecho del hemiciclo, todos los ministros y diputados siguen allí, sentados en sus asientos, la mayoría con las manos visibles en los reposabrazos, la mayoría inmóviles.

Javier Cercas

Adaptado de Anatomía de un instante

1.	a) anfiteatro	b) hemiciclo	c) tendido
2.	a) banquillos	b) escaños	c) palcos
3.	a) maltrecha	b) ahíta	c) atestada
4.	a) término	b) sitio	c) lado
5.	a) apostado	b) amoldado	c) ceñido
6.	a) detonador	b) cartucho	c) gatillo
7.	a) susurrantes	b) mullidos	c) ingentes
8.	a) apegados	b) petrificados	c) ufanos
9.	a) murmullo	b) ronroneo	c) cuchicheo
10.	a) ala	b) flanco	c) extremidad
11.	a) bedel	b) celador	c) ujier
12.	a) otorgamiento	b) proclamación	c) investidura

TAREA 2

A continuación va a leer un texto del que se han extraído seis párrafos. Después, lea los siete párrafos propuestos, a)-g), y decida en qué lugar del texto, 13-18, hay que colocar seis de ellos. Cuidado, hay un párrafo que no tiene que elegir.

Elegio de la lectura y la ficción

Algunas veces me pregunté si en países como el mío, con escasos lectores y tantos pobres, analfabetos e injusticias, donde la cultura era privilegio de tan pocos, escribir no era un lujo solipsista. **13.** _____ Creo que hice lo justo, pues, si para que la literatura florezca en una sociedad fuera requisito alcanzar primero la alta cultura, la libertad, la prosperidad y la justicia, ella no hubiera existido nunca. **14.** _____
Seríamos peores de lo que somos sin los buenos libros que leímos, más conformistas, menos inquietos e insumisos y el espíritu crítico, motor del progreso, ni siquiera existiría. Igual que escribir, leer es protestar contra las insuficiencias de la vida. Quien busca en la ficción lo que no tiene, dice, sin necesidad de decirlo, ni siquiera saberlo, que la vida tal como es no nos basta para colmar nuestra sed de absoluto, fundamento de la condición humana, y que debería ser mejor. Inventamos las ficciones para poder vivir de alguna manera las muchas vidas que quisiéramos tener cuando apenas disponemos de una sola.

Sin las ficciones seríamos menos conscientes de la importancia de la libertad para que la vida sea vivible y del infierno en que se convierte cuando es conculcada por un tirano, una ideología o una religión. **15.** _____ pregúntense por qué todos los regímenes empeñados en controlar la conducta de los ciudadanos de la cuna a la tumba, la temen tanto que establecen sistemas de censura para reprimirla y vigilan con tanta suspicacia a los escritores independientes. **16.** _____ Lo quieran o no, lo sepan o no, los fabuladores, al inventar historias, propagan la insatisfacción, mostrando que el mundo está mal hecho, que la vida de la fantasía es más rica que la de la rutina cotidiana. Esa comprobación, si echa raíces en la sensibilidad y la conciencia, vuelve a los ciudadanos más difíciles de manipular, de aceptar las mentiras de quienes quisieran hacerles creer que, entre barrotes, inquisidores y carceleros viven más seguros y mejor.

La buena literatura tiende puentes entre gentes distintas y, haciéndonos gozar, sufrir o sorprendernos, nos une por debajo de las lenguas, creencias, usos, costumbres y prejuicios que nos separan. **17.** _____ Cuando Emma Bovary se traga el arsénico, Anna Karenina se arroja al tren y Julián Sorel sube al patíbulo, y cuando, en *El Sur*, el urbano doctor Juan Dahlmann sale de aquella pulpería de La Pampa a enfrentarse al cuchillo de un matón, o advertimos que todos los pobladores de Comala, el pueblo de Pedro Páramo, están muertos, el estremecimiento es semejante en el lector que adora a Buda, Confucio, Cristo, Alá o es un agnóstico, vista saco y corbata, chilaba, kimono o bombachas. **18.** _____

Mario Vargas Llosa
Fragmento del discurso Nobel

FRAGMENTOS

a)

Quienes dudan de que la literatura, además de sumirnos en el sueño de la belleza y la felicidad, nos alerta contra toda forma de opresión,

b)

Cuando la gran ballena blanca sepulta al capitán Ahab en el mar, se encoge el corazón de los lectores idénticamente en Tokio, Lima o Tombuctú.

c)

Por el contrario, gracias a la literatura, a las conciencias que formó, a los deseos y anhelos que inspiró, al desencanto de lo real con que volvemos del viaje a una bella fantasía, la civilización es ahora menos cruel que cuando los contadores de cuentos comenzaron a humanizar la vida con sus fábulas.

d)

Lo hacen porque saben el riesgo que corren dejando que la imaginación discurra por los libros, lo sediciosas que se vuelven las ficciones cuando el lector coteja la libertad que las hace posibles y que en ellas se ejerce, con el oscurantismo y el miedo que lo acechan en el mundo real.

e)

Pero estas dudas nunca asfixiaron mi vocación y seguí siempre escribiendo, incluso en aquellos periodos en que los trabajos alimenticios absorbían casi todo mi tiempo.

f)

La literatura crea una fraternidad dentro de la diversidad humana y eclipsa las fronteras que erigen entre hombres y mujeres la ignorancia, las ideologías, las religiones, los idiomas y la estupidez.

g)

Nada ha sembrado tanto la inquietud, removido tanto la imaginación y los deseos, como esa vida de mentiras que añadimos a la que tenemos gracias a la literatura para protagonizar las grandes aventuras, las grandes pasiones, que la vida verdadera nunca nos dará.

2

TAREA 3

A continuación va a leer seis reseñas de libros sobre arquitectura y urbanismo, a)-f), y ocho enunciados, 19-26. Marque a qué reseña corresponde cada enunciado.

Recuerde que hay reseñas que deben ser elegidas más de una vez.

a) *Arquitectura del paisaje mobiliario urbano,* de Joseph M. Minguet

El diseño urbano consiste en la distribución, apariencia y funcionalidad de pueblos y ciudades, centrándose especialmente en el espacio público, tanto en calles, plazas y jardines como en infraestructuras públicas y propiedades privadas. El diseño de estos espacios públicos es cada vez más importante para el desarrollo a largo plazo y para el bienestar de la población.

Los espacios públicos se componen de mobiliario urbano de formas, dimensiones y funciones diferentes que abarca una amplia variedad de elementos, desde los tradicionales bancos de parque y jardineras hasta los innovadores diseños de alumbrado y pasos de cebra. De este modo, insertando elementos particulares, el énfasis recae sobre el espacio entre edificios. Además de buscar elementos decorativos y estéticamente agradables, el mobiliario urbano también debe ser práctico.

Adaptado de www.docstoc.com

b) *Nuevos Conceptos Arquitectónicos: Espacios Minimalistas,* de Charles Broto

La ausencia de elementos superfluos y la búsqueda para un mayor refinamiento en el diseño arquitectónico y de interiores son las premisas de las diversas propuestas presentadas en este volumen.

Formas geométricas puras, superficies despejadas, repetición y un número mínimo de elementos de composición son las obsesiones estéticas predominantes que se observan en estos trabajos. Este libro ofrece ejemplos prácticos e ideas creativas para los que buscan crear un entorno hogareño siguiendo una de las más importantes máximas del siglo: *Menos es más.*

www.arkinetia.com

c) *Arquitectura Ecológica,* de James Steele

Arquitectura Ecológica: Historia Crítica explora el enfoque ecológico en la construcción hasta nuestros días e identifica las futuras tendencias. Como aporte excepcional en la historia de la arquitectura, este libro es de obligada lectura para los profesionales y estudiantes que se interesen en el cuidado del medio ambiente. Luego de una breve introducción de la terminología de la arquitectura ecológica -comparando el uso de «ecológico» y «sostenible»-, esta edición está dividida en tres partes. La *Parte Uno* identifica los temas recurrentes en la arquitectura ecológica e incluye la eficiencia de la energía, la relación respetuosa con el medio ambiente y la adecuación de los tipos de construcción a sus condiciones específicas. La *Parte Dos* muestra veinte estudios sobre un arquitecto determinado, un movimiento o un área. La *Parte Tres* pone su mirada hacia el rumbo por donde avanza la arquitectura ecológica en su lucha con la urbanización global.

Adaptado de www.arkinetia.com

d) *50 cosas que hay que saber de arquitectura,* de Philip Wilkinson

¿Cuál es la diferencia entre una columna dórica y una jónica? ¿Cuál es la función de un arbotante? ¿Cuáles son los principios rectores de la arquitectura moderna? ¿En qué se diferencia la restauración de la conservación? Si alguna vez ha querido conocer las respuestas a estas preguntas -o se ha preguntado cuándo un edificio es solo un edificio y cuándo es una obra de arte-, *50 cosas que hay que saber sobre arquitectura* es la introducción perfecta al mundo de la arquitectura. Desde las raíces más tempranas de la arquitectura en la Grecia antigua, pasando por el desarrollo revolucionario de finales del siglo XX, las formas escultóricas de los expresionistas y los edificios sobrios de hormigón y vidrio del Estilo Internacional, hasta la ironía y la alusión percibidas en el Posmodernismo y las tendencias más recientes de la arquitectura ecológica, esta guía esencial brinda una nueva y fundada comprensión de la arquitectura y una apreciación de su profundo impacto en el mundo en que vivimos.

www.casadellibro.com

e) *La humanización del espacio urbano,* de Jan Gehl

Este libro analiza por qué el uso del automóvil deteriora la calidad urbana; por qué los edificios residenciales altos son inconvenientes; qué hace que una calle sea atractiva para caminar; por qué en una ciudad sana los espacios públicos, y no los centros comerciales, son el lugar de encuentro; cuántos bancos debe haber en un espacio público y cómo se deben situar. Jan Gehl se adentra en temas tan fascinantes como el de los bordes, y por qué preferimos estar al borde de una plaza y no en medio de ella.

www.entrelectores.com

f) *La arquitectura de la felicidad,* de Alain de Botton

Si es verdad que somos lo que comemos, también es cierto que somos lo que habitamos, y basta con entrar en una casa para saber no solo qué posee, sino qué esconde y qué desea su dueño. La felicidad depende de la idea que tenemos de nosotros mismos, de la capacidad de casar lo que es con lo que debería ser, y eso se refleja en los objetos que nos rodean. Así es desde tiempos inmemoriales, y Alain de Botton nos lleva de la mano para que revisemos bajo esta óptica un tanto insólita los edificios que han marcado la historia de la arquitectura.

Cierta innovación se impone, pero hay elementos arquitectónicos que se repiten a lo largo de los siglos porque responden a las necesidades hondas de los humanos, y el camino de la felicidad se apoya en ellos: en la simetría, por ejemplo, o en las curvas de ciertos objetos.

Adaptado de www.lecturalia.com

PREGUNTAS

19. El autor de esta obra nos invita a revisar la historia de la arquitectura desde un punto de vista poco habitual.

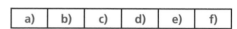

20. En esta obra se hace referencia a la funcionalidad que deben regir el diseño de objetos y espacios en el urbanismo público.

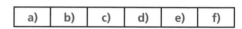

21. La obra objeto de esta reseña contempla la trayectoria que está siguiendo una tendencia arquitectónica y su pugna con la arquitectura general.

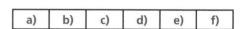

22. Según esta reseña, la lectura de esta obra se hace imprescindible para todos los que sientan inclinación por este enfoque de la arquitectura.

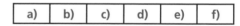

23. En este libro se analiza de qué maneras puede influir el diseño de las ciudades en el comportamiento humano.

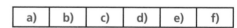

24. Según esta obra, hay elementos comunes en la arquitectura de todos los tiempos.

a)	b)	c)	d)	e)	f)

25. Esta obra plantea, entre otros temas relacionados con la arquitectura, que renovación y mantenimiento no son términos equivalentes.

a)	b)	c)	d)	e)	f)

26. En esta obra se hace alusión a un estilo que busca espacios desahogados y evita el diseño recargado.

a)	b)	c)	d)	e)	f)

Anote el tiempo que ha tardado:

Recuerde que solo dispone de **60 minutos**

Uso de la lengua, comprensión de lectura y comprensión auditiva

CD I

Pista 5

TAREA 4

A continuación, va a escuchar un fragmento de una conferencia sobre arqueología titulada Pasión por la arqueología: Chichén Itzá. *Deberá elegir las cinco opciones que resumen la conferencia entre las doce que aparecen, a)-l). Escuchará la audición dos veces.*

Dispone de un minuto y cuarto para leer las opciones.

OPCIONES

a) El nombre de esta ciudad proviene de su pozo y de la gente que allí vivió, los itzá.

b) Antes de que llegaran los españoles, Chichén Itzá ya era un lugar visitado por mucha gente por devoción.

c) Los itzá eran devoradores sagrados de víctimas humanas.

d) Los mayas, descendientes de los itzá, tuvieron durante doscientos años supremacía sobre todo Yucatán.

e) Los mayas tenían a los itzá como gente muy ruda, zafia, amoral y poco cultivada.

f) Los itzá llegaron al Yucatán, en la altiplanicie mexicana, en el siglo x, por razones políticas y económicas.

g) Las urbes anteriores a la colonización tenían una organización diferente a la de las ciudades europeas.

h) El sector norte de Chichén Itzá fue construido más tarde que el sur.

i) Los itzá utilizaban diferentes técnicas para atraer la atención de la gente, basadas en la puesta en escena, ya que la mayoría de la población era analfabeta.

j) Mediante las escaleras, los itzá unían lo terrenal y lo espiritual.

k) *El Castillo*, monumento hispánico de gran majestuosidad, ocupa la parte alta de la ciudad.

l) Quetzacoatl, deidad venerada por los mayas, se representaba como un reptil emplumado.

Señale por orden las opciones elegidas.

27	28	29	30	31

CD I

Pista 6

TAREA 5

A continuación va a escuchar a dos personas que participan en un debate televisivo sobre el tema del flamenco. Después deberá marcar qué ideas expresa el hombre (H), cuáles la mujer (M) y cuáles ninguno de los dos (N) entre las 15 frases que aparecen, 32-46.
Escuchará la audición dos veces.

Dispone de un minuto para leer las frases.

OPCIONES

	H	M	N
32. El flamenco no está considerado por el Estado al mismo nivel que otros géneros musicales.			
33. Las personas poco familiarizadas con el flamenco se sorprenden cuando todos acaban simultáneamente.			
34. Von Karajan opinaba que en el flamenco todos terminan al mismo tiempo porque están locos.			
35. En la iniciación al flamenco los profesionales son generalmente egoístas.			
36. Se puede hacer flamenco espontáneamente, pero siempre con una base codificada.			
37. Dependiendo de diferentes aspectos externos, el cantaor actuará de una manera u otra.			
38. El *jazz* en España nace al mismo tiempo que el americano.			
39. Los artistas flamencos tendrían que hacerse responsables de que todavía no existan unas normas para su música.			
40. El flamenco es muy estricto y poco espontáneo.			
41. El flamenco es un arte imprevisible que se lleva en la sangre.			
42. Antiguamente había mucho más trato entre los artistas del que hay ahora.			
43. No se debe enseñar flamenco.			
44. La situación del flamenco está cambiando mucho y cada vez tiene más aficionados, especialmente entre los menos viejos.			
45. Desde el punto de vista técnico es muy difícil grabar un disco de flamenco.			
46. Para ser un buen cantaor tienes que tener afición y no irte fuera de España.			

CD I

TAREA 6

Pista 7

A continuación va a escuchar una entrevista al director de cine Pedro Almodóvar. Después, seleccione la opción correcta, a), b) o c), para contestar a las preguntas, 47-52.
Escuchará la entrevista dos veces.

Dispone de un minuto para leer las preguntas.

PREGUNTAS

47. Pedro Almodóvar dice que:

   a) Se puede eludir el neorrealismo sin rechazar ninguna de sus claves.

   b) Ha sido nominado dos veces, por *Todo sobre mi madre* y *Hable con ella.*

   c) Cuando uno ha sido premiado antes, es más difícil volver a ser nominado.

48. El entrevistado opina que:

   a) La película de Irak *Una separación* da muchas claves sobre esa sociedad.

   b) En España sabemos muy pocas cosas sobre la sociedad iraní.

   c) *Divorcio a la italiana,* de Vittorio de Sica, se parece a las películas de Kiarostami.

49. Según Almodóvar:

   a) La ceremonia de los Globos de Oro puede ser muy sorprendente.

   b) La gente que bebe alcohol le resulta relajante y mucho más suelta.

   c) 45 segundos para el discurso de los concursos cinematográficos es muy poco tiempo.

50. El entrevistado dice que:

   a) *Indochina*, con Catherine Deneuve, era una de sus películas favoritas el año que *Todo sobre mi madre* ganó el Globo de Oro.

   b) Aunque no bebe alcohol, en los Globos de Oro todos lo hacen.

   c) Su inglés es inextricable.

51. Pedro Almodóvar cuenta que:

   a) Bruce Willis y Tom Hanks fueron muy educados en la última ceremonia de los Globos de Oro.

   b) Las ceremonias de los Globos de Oro son políticamente incorrectas.

   c) Cuando se meten con él, le resulta sangrante.

52. El entrevistado informa de que:

   a) El 95% de las películas premiadas han sido estrenadas en los últimos 4 meses.

   b) Los premios tienen una rentabilidad a medio plazo.

   c) Le gustaría divertirse mucho en la próxima ceremonia de los premios.

Anote el tiempo que ha tardado:

Recuerde que solo dispone de **105 minutos**

  **Destrezas integradas: c. auditiva y de lectura y expresión e interacción escritas**

150 min Tiempo disponible para las 3 tareas.

TAREA 1

Tiene que escribir una carta al director de un periódico nacional en la que expresará sus opiniones sobre la moda y su influencia no siempre beneficiosa entre los jóvenes. Para su elaboración usted dispone de una audición sobre la moda y los problemas alimenticios, un artículo de opinión sobre la tiranía de la moda y otro artículo sobre la esclavitud de la moda en los jóvenes.

Va a escuchar la audición dos veces. Tome notas de la entrevista y después utilice las tres fuentes proporcionadas, seleccionando la información que considere oportuna. A continuación organícela y redacte la carta.

Número de palabras: entre 400 y 450.

Audición 1 **La moda que mata**

TEXTO 1

CD I

 Pista 8

La tiranía de la moda

En los últimos años una enfermedad ha adquirido un tremendo protagonismo y parece convertirse en el mal del siglo XXI. La anorexia y la bulimia se extienden entre la población, especialmente adolescente, para susurrarle al oído que la imagen es más importante que su vida. Los enfermos tienen un claro enemigo, la comida, y un claro objetivo, la delgadez extrema. Las cifras de afectados son espeluznantes 5 y parecen ir a peor. Se necesitan soluciones inmediatas y, ante todo, efectivas. Las víctimas son chicas jóvenes en su gran mayoría, aunque el porcentaje de chicos está aumentando considerablemente, y esta franja de población es el mañana de la sociedad. Preguntarnos por el culpable de la situación llevaría a un callejón sin salida que tampoco aportaría ninguna respuesta. Todos debemos asumir la responsabilidad de vivir en una sociedad tiranizada por las modas, aunque unos sufran el peso de la 10 culpa más que otros.

Los modelos a imitar en estos tiempos cumplen unas condiciones estéticas imposibles de seguir por la mayoría de la humanidad, y es esa búsqueda de «ser como...» lo que lleva a caer en una enfermedad con muy difícil cura. La anorexia y la bulimia no se resuelven con medicamentos, necesitan un tratamiento arduo, lento y mucha paciencia y comprensión. La sociedad aún no entiende la gravedad de la 15 situación y las familias de los afectados se sienten desamparadas ante un sufrimiento que les desborda. Se acusa a la industria de la moda de tener gran parte de la culpa y, aunque los modistos, tiendas de moda juvenil, etc., lo niegan sistemáticamente, hay relevantes datos que dicen lo contrario. La realidad es que no son los únicos culpables, pero sí deben aceptar una importante responsabilidad en el problema.

20 Una visión analítica de aquello que es imitado y valorado por la juventud nos aporta unas respuestas ante las que cada uno ha de extraer su conclusión.

Si miramos hacia las pasarelas veremos modelos con cuerpos perfectos que simbolizan el éxito social. Es como si únicamente unas medidas determinadas pudieran garantizar el triunfo personal. Hace años, cuando esta enfermedad empezó a adquirir protagonismo, se impuso a los diseñadores españoles no 25 subir a sus pasarelas chicas con menos de una talla 40. La medida podría parecer efectiva, pero si miramos con ojos realistas veremos que ninguna de las modelos ha engordado ni necesita más talla que antes. ¿Cómo es esto posible? No es que no han cambiado las exigencias de talla y cuerpo, sino que simplemente se ha cambiado la etiqueta de la ropa. Es muy fácil, donde antes ponía 36, ahora pone talla 40, porque hay que escuchar la ley, pero a lo mejor no se escucha tanto a la conciencia...

30 Por otro lado, si nos acercamos al día a día de la población afectada, la realidad es que la juventud no puede permitirse la ropa de los grandes diseñadores, y se mueve entre tiendas, por todos conocidas, mucho más accesibles económicamente.

Pero ¿puede comprar cualquier chica ropa en tiendas como Zara, Mango, Blanco, etc.? Aunque por dinero pueda permitírselo, a veces esto no es suficiente. Estas superficies son el paraíso para una gran 35 mayoría de las adolescentes, pues allí encuentran ropa a la última moda y a un precio muy razonable. El problema viene cuando una chica no cumple los cánones estéticos que esas tiendas consideran normales, y no puede comprarse nada. La talla 44 es ya muy difícil de encontrar en sus estanterías y de aquí para arriba es mejor olvidarse de encontrar algo. Seamos realistas, ¿acaso es tan raro tener una talla 44 o 46?

40 Quien sufre este problema siente una enorme frustración por un doble motivo. Primero por ir a comprar ropa y no encontrar nada de su talla, y luego porque alguien ha decidido no fabricarlo, eso produce una sensación de aislamiento que puede tener graves consecuencias. Si en las tiendas se hace creer que estas tallas son propias de «bichos raros», parece comprensible que adelgazar pueda convertirse en una obsesión que acarree graves enfermedades. Y en segundo lugar, se produce un sentimiento de 45 inadaptación, pues ¿dónde compran entonces la ropa? Al final se encuentra con que su única solución es acudir a tiendas especiales de tallas grandes que le quedarán bien de medida, pero que, normalmente, no responden al estilo propio de la juventud.

En una sociedad cada vez más influenciada por la imagen, una enfermedad relacionada con la estética se convierte en el gran problema de nuestro tiempo. La necesidad de reflexionar es ya una obligación. 50 Todos hemos de mirarnos al espejo, y aguantar su reflejo. Aquellos que estén enfermos deben mirar su imagen reflejada y valorar su autoestima por encima de su cuerpo, y el resto de la sociedad debe asumir la responsabilidad del problema, porque a lo mejor buscar soluciones en el presente evita las lágrimas en el futuro.

Adaptado de Leticia Alonso, *www.opinar.net*

TEXTO 2

¿Somos esclavos de la moda?

Pienso que en la actualidad muchos jóvenes tienen un carácter preformado; desde que tienen uso de razón están siendo bombardeados por anuncios en la televisión, en la radio o en la parada del autobús que dictan el tipo de ropa que tienen que llevar, el tipo de música que tienen que tener o el coche que tienen que comprar.

5 La publicidad tiene el gran poder de convencer, de hacer más atractivas unas zapatillas Nike que cualquiera de otra marca aunque sean más incomodas y menos bonitas. Todo el mundo, incluso el que no lo reconozca, alguna vez se ha comprado unos pantalones, unas zapatillas, o una camiseta porque lo ha visto en la tele, o porque la lleva un famoso o simplemente porque le ha llamado la atención la campaña publicitaria utilizada para ese producto.

10 En la actualidad mucha gente te clasifica por el tipo de ropa que llevas, o por el aspecto que tienes. Queda claro que aunque la universidad o facultad a la que vayas tiene un estereotipo, los estudiantes imponen su estilo siguiendo las tendencias. Lo que queda claro también es que todo el mundo, a su modo, sigue la moda de una manera o de otra, y todos somos esclavos de ella.

Adaptado de *http://jovenes_problemas_e_inquietudes.lacoctelera.net*

Redactar una carta al director

PRESENTACIÓN Y EXPOSICIÓN DEL PROBLEMA
- Soy un suscriptor y lector asiduo de su revista…
- Suelo leer con asiduidad e interés los artículos…
- Soy un lector habitual de su periódico…

ENCABEZAMIENTO
Siempre ponemos
Sr. director:

¡¡¡IMPORTANTE!!!
Detrás del saludo se ponen siempre DOS PUNTOS.

Sr. director:

Se ha abierto un debate social sobre la anorexia y los trastornos de la conducta alimentaria a partir de las nuevas normas de la Comunidad de Madrid sobre el índice de masa corporal de las modelos. Un familiar cercano padece este trastorno, lo que ha hecho que me informe detalladamente sobre el problema.

INICIO DE LA CARTA
Un ejemplo, una frase corta que resuma el contenido posterior.

MOTIVO DE LA CARTA
- Tras leer el artículo… me ha llamado la atención…
- … y en el reportaje/ artículo del pasado…, firmado por… se vierten opiniones ofensivas sobre…
- … en esta ocasión quiero manifestarle mi total desacuerdo/ rechazo de las opiniones…

Suelo leer con asiduidad e interés su publicación, y continuamente veo artículos donde se presenta como modelo de belleza a mujeres extremadamente delgadas que usan la talla 36. Tras leer el pasado domingo el artículo sobre la pasarela madrileña en el que veladamente (o no tanto) ensalzaban las medidas «perfectas» de ciertas damiselas necesitadas, en mi opinión, de un buen cocido, le invito a la reflexión y la concienciación de la auténtica moda y de la verdadera mujer mediterránea, rotunda y bien alimentada y le pido que publiquen noticias reales, de andar por casa, con modelos positivos para los jóvenes (y menos jóvenes) y objetivos menos frívolos y superficiales.

PEDIR RECTIFICACIÓN
- le pido que rectifiquen/subsanen las informaciones…
- le invito a la reflexión y a la oportuna rectificación…
- le agradecería que reconocieran su error y rectificaran.

AGRADECER
- Le doy las gracias de antemano/ anticipadamente por su atención
- … y estoy seguro/a de que una revista de la categoría de la suya sabrá seguir en su línea de/hacer honor al rigor y objetividad que siempre le han caracterizado…

Le doy las gracias de antemano por su atención.

Francisco del Río. Ciudad Real

HACER CRÍTICAS CONSTRUCTIVAS
Es mejor dar ideas para solucionar el problema que hacer una crítica sin más.

CARACTERÍSTICAS
La sección Cartas al director es una de las más leídas de los periódicos, ya que constituye un foro excelente para cualquier reivindicación que se quiera hacer.
Podemos decir que las características primordiales que ha de tener son:

1. Veracidad: la verdad convence. Céntrese en contar lo más fidedignamente posible lo ocurrido.
2. Originalidad: no repita argumentos manidos o excederse en refranes o frases hechas.
3. Identificación del autor: deje clara su autoría.
4. Inicio de la carta: un ejemplo, una frase corta que resuma el contenido posterior y que sirve también para capturar la atención del lector.
5. Secuenciación: ordene bien las ideas y argumentos.
6. Sencillez: no hace falta hacer una gran disertación filosófica llena de estructuras complejas e incomprensibles. Hay que centrarse en un argumento.
7. No difame ni insulte. Muéstrese cordial.
8. Claridad y corrección gramatical y ortográfica: si no está seguro de que lo que ha escrito esté correcto, déselo a algún amigo para que lo lea y/o corrija/aconseje.
9. Actualidad: escriba sobre un tema actual.
10. Uso del humor: sin molestar ni insultar, con frases exclamativas, irónicas, etc.
11. No critique al periódico al que manda las cartas o a sus competidores.

TAREA 2

Usted trabaja en una empresa de diseño gráfico que tiene un boletín de noticias y entrevistas relacionadas con el tema.

Ha entrevistado por teléfono a Óscar Mariné, un diseñador a quien han concedido el Premio Nacional de Diseño. Usted debe adaptar la entrevista al lenguaje apropiado para publicarse en el boletín. Para esto debe utilizar todos los recursos que le parezcan necesarios: coherencia en estructura, puntuación correcta, léxico preciso y eliminación de las características del lenguaje oral.

Número de palabras: entre 150 y 200.

Entrevista

Óscar Mariné

Premio Nacional de Diseño 2010

EN mi tiempo ha habido muy poca gente que se ha dedicado a mi disciplina, a mi oficio, y ahora, pues bueno, pues es un oficio muy valorado entre la gente joven y hay, pues hay grandes escuelas, hay mucha gente que ven en este trabajo su futuro, su profesión y bueno, sí que es cierto que yo he sido... he estado ejerciéndolo en una época en la que era algo más difícil puesto que había un poco que inventarse la educación, ¿no? Yo he tenido que pasarme la vida viajando para aprender este oficio, he tenido que ir a buscar los libros uno a uno a Nueva York, a Londres, digamos a Tokio, a los centros donde este, esta profesión era ya conocida y valorada, ¿no? Y también bueno pues, y también el hecho de trabajar en tantos soportes y tan diferentes pues tiene que ver bastante pues bueno, con vivir en un país donde la comunicación o el diseño gráfico no han sido disciplinas muy conocidas y entonces bueno, pues tocar un poco todos los elementos que al final me han hecho aprender pues de todo, ¿no? Yo comencé en el cine, luego fui fotógrafo y todas esas cosas, el hecho de ver por un visor, ver el mundo como un espectador y estar muy pendiente del, de las cosas que pasan dentro de ese recuadro me han hecho aprender ese lenguaje visual de las cosas y bueno y luego tocar todos prácticamente todos los elementos culturales y no culturales desde el punto de vista de marcas y de la comunicación, ¿no?
(sic)

http://cervantestv.es

TAREA 3

En la universidad donde usted estudia están interesados en conocer los hábitos culturales de los españoles.

Redacte un artículo para la revista de su universidad a partir del gráfico que se le ofrece, en el que refleje los aspectos más relevantes de las preferencias culturales de los españoles durante el último año.

Número de palabras: entre 200 y 250.

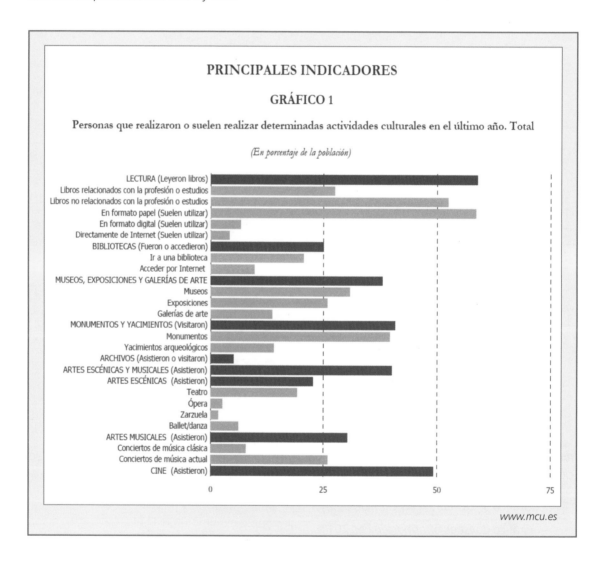

PRINCIPALES INDICADORES

GRÁFICO 1

Personas que realizaron o suelen realizar determinadas actividades culturales en el último año. Total

(En porcentaje de la población)

www.mcu.es

Anote el tiempo que ha tardado:

Recuerde que solo dispone de **150 minutos**

PRUEBA 3

Destrezas integradas: c. de lectura y expresión e interacción orales

20 min

Tiempo disponible para las 3 tareas.

30 min

Tiempo disponible para la preparación de la intervención oral de esta tarea.

TAREA 1

LA VIDA EN LAS CIUDADES

En estos momentos de la historia de la humanidad se puede decir que hay más personas que viven en la ciudad que en el campo. Esto supone una seria amenaza para el equilibrio medioambiental y para la convivencia pacífica, pero al mismo tiempo plantea retos en la búsqueda de sistemas más eficientes que superen los inconvenientes de las ciudades.

Prepare una presentación de 6-8 minutos sobre La vida en las ciudades *en la que exponga al entrevistador:*

- las principales ventajas y los inconvenientes que tiene la vida en la ciudad;
- las ciudades del mundo más atractivas para vivir y las razones por las que han sido escogidas como las mejores;
- algún aspecto sobre cómo serán las ciudades del futuro y alguna solución para los problemas actuales.

Para preparar su intervención cuenta con los siguientes materiales de apoyo. Utilícelos todos, seleccionando de cada uno de ellos la información que considere oportuna:

- Gráfico 1. *La vida en las ciudades*
- Gráfico 2. *Cities of opportunities* 2011
- Texto 1. *Cities of opportunities* 2011
- Texto 2. *El futuro de la arquitectura de Norman Foster (texto adaptado)*

Gráfico 1

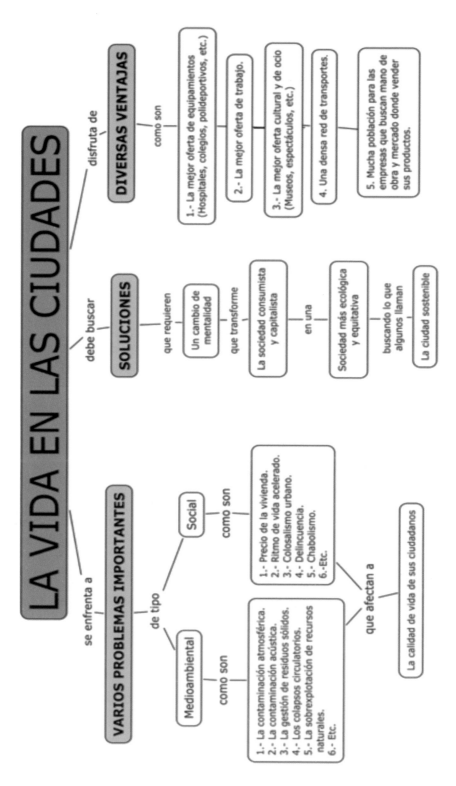

Gráfico 2
Cities of opportunities 2011

Ver indicadores en el informe siguiente:

Ranking de ciudades a partir de los diez indicadores principales del informe
(Siendo 26 la máxima puntuación y uno la mínima)

CIUDADES	1*	2*	3*	4*	5*	6*	7*	8*	9*	10*	Puntos
Nueva York	174	80	158	93	49	163	178	77	97	147	1226
Toronto	186	59	127	112	71	139	163	94	133	111	1195
San Francisco	174	63	156	104	69	101	154	96	131	104	1172
Estocolmo	205	84	134	113	81	109	143	79	137	68	1147
Sidney	168	47	120	104	83	107	162	67	134	105	1126
Londres	162	68	149	90	52	170	166	59	93	123	1122
Chicago	166	80	159	107	42	101	106	99	116	94	1120
París	172	56	166	65	57	166	119	51	116	125	1117
Singapur	119	78	126	97	52	140	188	84	113	90	1067
Hong Kong	115	77	145	96	47	149	191	80	107	97	1061
Houston	165	74	162	103	35	100	152	116	116	94	1050
Los Ángeles	169	76	93	96	46	94	169	101	124	102	1043
Berlín	149	48	113	96	96	100	121	91	122	68	1016
Tokio	145	74	142	91	45	114	140	45	81	109	1013
Madrid	130	40	134	79	56	144	102	62	124	84	967
Seúl	136	99	145	58	56	69	119	57	93	56	882
Pekín	77	45	133	37	28	114	117	90	78	83	729
Abu Dabi	74	24	133	86	47	71	117	70	110	21	706
Shanghái	63	47	127	37	54	119	54	41	49	96	607
Ciudad de México	77	21	134	41	43	66	97	58	90	65	602
Moscú	107	51	128	18	33	38	60	37	47	95	664
Santiago	68	28	62	30	51	65	138	86	76	24	658
Estambul	38	29	99	25	57	68	90	46	74	72	598
São Paulo	56	25	60	21	67	60	74	30	92	65	595
Johannesburgo	51	13	95	42	78	67	67	86	71	43	599
Bombay	41	16	80	25	71	68	61	29	49	30	492

1*. Capital intelectual e innovación
2*. Preparación tecnológica
3*. Transportes e infraestructuras
4*. Demografía y habitabilidad

5*. Influencia económica
6*. Coste de la vida
7*. Estilo de vida
8*. Salud y seguridad

9*. Facilidad para hacer negocios
10*. Sostenibilidad

Preparación Diploma de Español (Nivel C2)

Texto 1

INFORME CITIES OF OPPORTUNITIES 2011

El informe Cities of Opportunities 2011 que elabora PwC y The Partnership of New York es uno de los más prestigiosos en realizar un *ranking* de ciudades con mayor proyección de 5 futuro del mundo desde el punto de vista económico, cultural y social. El informe se realiza a partir de 66 indicadores agrupados en diez variables principales.

El informe destaca la correlación directa entre 10 algunos de los indicadores, como son los de capital intelectual e innovación y salud y seguridad. Las personas más innovadoras y capacitadas intelectualmente eligen donde quieren vivir; y desean hacerlo en aquellas ciudades 15 que, en mayor medida, garantizan su salud y su seguridad. Estos ciudadanos innovadores apuestan también por lugares donde sea fácil hacer negocios, que estén tecnológicamente preparados y donde puedan disfrutar de una 20 mejor calidad de vida. Casi todos ellos, factores no económicos.

Las diez variables principales y las tendencias que se observan son las siguientes:

1. Capital intelectual e innovación. Incluye 25 nueve variables entre las que se encuentran el número de alumnos por clase, el de bibliotecas públicas, el nivel de los estudiantes en Matemáticas y en Ciencias, el porcentaje de población con estudios superiores y la capacidad 30 investigadora de sus universidades, entre otros.

2. Preparación tecnológica. Incluye cuatro indicadores: acceso a Internet, capacidad de banda ancha, economía digital y desarrollo de la industria del *software* y multimedia.

35 **3. Transportes e infraestructuras**. Incluye nueve indicadores como la cobertura y el coste del transporte público, el acceso de las áreas de negocio a los aeropuertos, la congestión del tráfico o el número de millas de transporte por 40 ferrocarril, entre otros.

4. Demografía y habitabilidad. Incluye siete indicadores como, por ejemplo, la población en edad de trabajar, la rapidez de los traslados de los trabajadores, el *stock* de vivienda o la 45 calidad de vida.

El clima puede ser bueno o malo; la velocidad en los traslados de los trabajadores rápida o una auténtica tortura; la ciudad puede estar condenada a ser invadida poco a poco por el 50 mar, pero un buen parque de viviendas es, según se desprende del informe, un requisito esencial para que una ciudad tenga un balance socioeconómico positivo.

5. Influencia económica. Incluye ocho indi-55 cadores, como el número de sedes principales de las 500 mayores empresas del mundo, el empleo en el sector de servicios financieros y de negocio, la capitalización del mercado bursátil, el nivel de protección de los accionistas, 60 la inflación, la atracción de inversión extranjera directa o la inversión en proyectos verdes, entre otros.

6. Coste de la vida. Incluye cinco variables como, por ejemplo, el pago de impuestos, el 65 coste de montar un negocio, el coste de la vida o el nivel de viajes de negocio.

7. Estilo de vida. Incluye seis indicadores: actividad cultural; deportiva y de tiempo libre; el porcentaje de espacios verdes: el impacto del 70 *skyline*; las habitaciones de hotel disponibles o el número de turistas internacionales.

8. Salud y seguridad. Incluye cinco variables: número de hospitales, calidad del sistema de salud, los cuidados al final de la vida de los 75 mayores, los niveles de criminalidad y el entorno político.

9. Facilidad para hacer negocios. Incluye nueve variables, como, por ejemplo, la facilidad para emprender un negocio, la facilidad de 80 contratación, la rigidez del horario laboral o la flexibilidad del despido, entre otros.

10. Sostenibilidad. Incluye cuatro indicadores: la huella de carbono de la ciudad, el consumo de energía renovable, y el nivel de polución 85 del aire y de reciclaje.

Adaptado de www.hablandodebolsa.com

Texto 2

El futuro de la arquitectura

La respuesta para un futuro sostenible está en la fusión entre arquitectura e infraestructuras, entendiendo por esto último una combinación de carreteras, espacios cívicos, transporte público y estructuras varias que constituyen el entramado urbano y unen unos edificios con otros. En su variante más densamente poblada, esta mezcla se llama ciudad; en su versión más extendida, se define probablemente como megarregión.

El reto actual es que haya más urbanización y la energía utilizada sea mucha menos y más limpia. Esa es 5 la única forma de igualar los niveles de vida en todo el mundo y, al mismo tiempo, mantener la calidad de vida que disfrutamos los más 10 privilegiados, que constituimos, según ciertos cálculos, solo la mitad de la humanidad. Recordemos que casi el 40% de la población 15 mundial no posee servicios sanitarios, el 25% carece de electricidad, el 17% de agua potable, y un tercio vive en barrios de chabolas. 20 Como los mejores ejemplos históricos, las ciudades deberían ofrecer una rica mezcla de espacios para vivir, trabajar y disfrutar del 25 ocio, con una combinación de intimidad y sentimiento de comunidad. Se daría gran importancia a los espacios peatonales de calidad, con 30 los mejores parques y las mejores plazas y avenidas urbanas. Como los espacios exteriores se utilizarían de día y de noche, la ciudad 35 ideal no solo debería ser un lugar deseable sino también seguro. Los niños podrían ir al colegio a pie o en medios de transporte públicos lim- 40 pios y seguros.

Ahora bien, habría diferencias importantes entre estas nuevas ciudades y los mejores ejemplos del pa- 45 sado. Las nuevas ciudades tendrían espacios debajo de las calles peatonales por los que transcurriría el tráfico, con el consiguiente desvío 50 de las congestiones y la contaminación. Esos espacios incluirían además una nueva forma de organizar las alcantarillas, las con- 55 ducciones y los cables tradicionales que hoy discurren enterrados bajo nuestras ciudades.

En el esfuerzo para producir cero carbono y cero re- 60 siduos, todos los residuos que produjéramos se tratarían para generar energía. Del mismo modo, el agua, una materia cada vez más 65 valiosa, se reciclaría para regar parques y cosechas. Por supuesto, sería posible recoger agua de lluvia como parte de una estrategia inte- 70 gral hacia la sostenibilidad.

Adaptado de *El futuro de la arquitectura,* de Norman Foster

En caso de que no se cumpla el tiempo mínimo de exposición (6 minutos), el entrevistador puede pedir al candidato que se extienda en algún punto o aspecto concreto que haya pasado por alto, antes de pasar a la siguiente tarea:

– *¿Puede precisar más las ventajas y los inconvenientes de la vida en la ciudad?*

– *¿Hay algún otro indicador importante que se utiliza en el informe para comparar las distintas ciudades del mundo?*

– *¿Podría señalar otras características que tendrían las ciudades del futuro, según el autor del segundo artículo?*

Preparación Diploma de Español (Nivel C2)

TAREA 2

CONVERSACIÓN SOBRE LA PRESENTACIÓN

En una conversación con el entrevistador sobre el tema de la tarea 1: La vida en las ciudades, *amplíe la información, defienda con argumentos su propio punto de vista y personalice los temas. Duración: de 5 a 6 minutos.*

AMPLIACIÓN DEL TEMA

– **VENTAJAS E INCONVENIENTES DE LAS CIUDADES.** ¿Añadiría alguna ventaja o algún inconveniente a los que le ofrece el gráfico 1? ¿Puede precisar? ¿Cree que hay ciudades cuya calidad de vida sea mejor que otras? ¿Puede poner algún ejemplo? ¿Conoce alguna ciudad donde los problemas impiden tener una buena calidad de vida? ¿Puede concretar más?

– **CRITERIOS PARA VALORAR LAS CIUDADES.** ¿Está usted de acuerdo con esas listas donde se comparan ciudades y se eligen las mejores para vivir? ¿Cree que son objetivas? ¿Qué le parecen los criterios e indicadores seleccionados en el informe? ¿Echa alguno en falta? ¿Cuál? ¿Cree que sobra alguno? ¿Por qué?

– **RESULTADOS DEL INFORME.** ¿En su opinión, son acertados los resultados del informe en el que se comparan distintas ciudades del mundo? ¿Le ha sorprendido algún aspecto de forma positiva? ¿Y de forma negativa? ¿Cuáles?

– **COMPARACIÓN ENTRE CIUDADES.** ¿Cree que hay ciudades con calidad de vida y oportunidades en todos los continentes? ¿Ha podido apreciar en el informe que haya ciudades que están emergiendo, en comparación con la información que tenía antes de ellas? ¿Puede explicarlo? ¿Cuáles cree que serán las ciudades más importantes en un futuro próximo?

– **CIUDADES DEL FUTURO.** ¿Qué aspectos del texto 2 considera más acertados sobre el futuro de las ciudades? ¿Piensa que hay alguno que es poco probable que se produzca? ¿Y cuál es su opinión sobre el futuro de las ciudades en aspectos como: la arquitectura, el urbanismo, los lugares de encuentro, el tráfico, el uso del coche, el abastecimiento, los residuos…?

PERSONALIZACIÓN DEL TEMA

– **COMPARACIÓN.** (Si estudia español en una ciudad donde se habla español y vive en una ciudad de otro país). ¿Puede comparar las diferencias entre la ciudad donde estudia español y la suya? ¿Cuál le gusta más? ¿Ha visitado alguna de las ciudades del informe? ¿Cuál es la que más le ha gustado? ¿Por qué? ¿En cuál de ellas le gustaría vivir? ¿Por qué razones? ¿Y en cuál no? ¿Preferiría vivir en el campo? En caso afirmativo, ¿por qué razones?

– **LA CIUDAD IDEAL.** Si pudiera diseñar la ciudad ideal donde vivir, ¿cómo sería? Piense en: lugar, clima, número de habitantes, costumbres, comida, actividades económicas, transportes, infraestructuras, vida cultural y ocio, formas de energía, medioambiente, eliminación de residuos, otros…

TAREA 3

Lea los siguientes titulares de prensa sobre el arte y las tecnologías. A continuación inicie una conversación de tono informal con el entrevistador: ¿qué le parecen las opiniones reflejadas en dichos titulares?, ¿está de acuerdo con alguna de ellas?, ¿por qué?

¿Acabará el ipad con las ferias de arte?

Los museos españoles no entienden las redes sociales

El arte y las tecnologías se abren camino en el Parque de las Ciencias

Viernes, 16 de septiembre de 2011

Arte gratis alrededor del mundo a golpe de ratón

Escrito a las **17:00** en Cultura | author: cristina.torres

Desde "A fin de mes" les hablamos de las **galerías del mundo** que nos dejan asomarnos a la ventana del mundo artístico.

SENTIMIENTOS, CREENCIAS Y VALORES

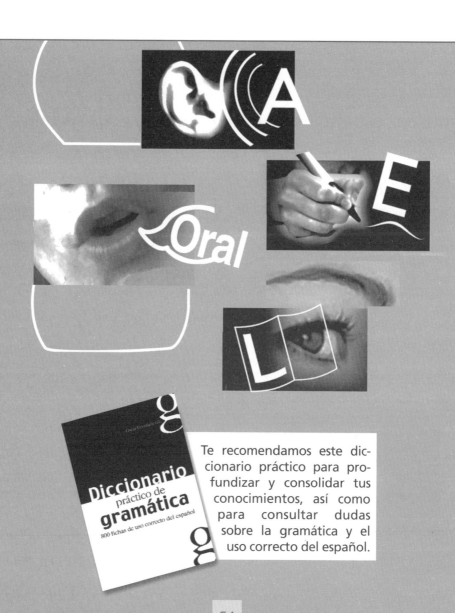

Te recomendamos este diccionario práctico para profundizar y consolidar tus conocimientos, así como para consultar dudas sobre la gramática y el uso correcto del español.

VOCABULARIO

FICHA DE AYUDA
Para la expresión e interacción
escritas y orales

FIESTAS Y TRADICIONES

Festividad (la) ....
Patrón/-a (el/la) ....
Pregón (el) ....
Romería (la) ....
Verbena (la) ....

Verbos y expresiones:

Aguar la fiesta ....
Celebrar algo a bombo y platillo ....
Dar el pésame ....
   - la enhorabuena ....
Hacer los honores ....
Oficiar un acto ....
Publicar una esquela ....
Ser el homenajeado ....
Ser el maestro de ceremonias ....
Tirar la casa por la ventana ....

SUPERSTICIONES

Adivino/a (el/la) ....
Apariciones (las) ....
Bulo (el) ....
Curandero/a (el/la) ....
Esoterismo (el) ....
Exorcismo (el) ....
Hechizo (el) ....
Maleficio (el) ....
Más allá (el) ....
Médium (el/la) ....
Parapsicología (la) ....
Santería (la) ....
Sincretismo (el) ....
Vidente (el/la) ....

Verbos y expresiones:

Augurar ....
Echar las cartas ....
Echar mal de ojo ....
Ser de mal agüero ....
Tocar madera ....
Vaticinar ....

ANTROPOLOGÍA Y FILOSOFÍA

Corriente filosófica (la) ....
Doctrina (la) ....
Empirismo (el) ....
Existencialismo (el) ....
Racionalista ....
Metafísica (la) ....
Positivismo (el) ....
Premisa (la) ....
Razonamiento filosófico (el) ....
Teología (la) ....

ÉTICA/MORAL

Ecuanimidad (la) ....
Permisividad (la) ....
Prejuicio (el) ....

Verbos y expresiones:

Carecer de principios ....
   - escrúpulos ....
Inculcar valores ....
Ser un/una caradura ....
Tener (doble) moral ....
Tener aspiraciones ....
   - afán de superación ....
Tener entereza ....
Tener principios férreos ....
Renegar de los principios ....
Vulnerar los principios ....

PSICOLOGÍA

Apatía (la) ....
Crisis emocional (la) ....
Delirios de grandeza (los) ....
Derrotismo (el) ....
Desdicha (la) ....
Determinación (la) ....
Don (el) ....
Empatía (la) ....
Enraizado/a ....
Espíritu de sacrificio (el) ....
Estimulantes (los) ....
Euforia (la) ....
Fobia (la) ....
Innato/a ....
Nefasto/a ....
Psicosis (la) ....
Realización personal (la) ....
Sosegado/a ....
Trauma (el) ....
Vínculos familiares (los) ....

RELIGIÓN

Creencia (la) ....
Devoción (la) ....
Espiritualidad (la) ....
Fervor (el) ....
Misticismo (el) ....
Hábito (el) ....
Sotana (la) ....
Plegaria (la) ....

Verbos y expresiones:

Blasfemar ....
Profanar un templo ....
Abrazar una religión ....

PRUEBA 1 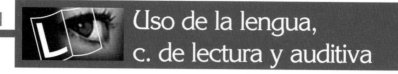 Uso de la lengua,
c. de lectura y auditiva

105 min

Tiempo disponible para las 6 tareas.

TAREA 1

A continuación va a leer un texto. Complete los huecos, 1-12, con la opción correcta, a), b) o c).

EL MITO DE LAS SIRENAS

Dentro de la tradición griega, las sirenas eran genios marinos, mitad mujeres y mitad aves. Su ascendencia no está clara. Según las versiones más comunes del mito, son hijas de Melpómene, musa de la tragedia, y de Aqueloo, dios del río homónimo y _____1_____ de los dioses-ríos. Según la versión de Libanio, nacieron de la sangre de Aqueloo _____2_____ por Heracles (Hércules).

La primera mención que se conoce de las sirenas es en *La Odisea*, cuando Odiseo (Ulises) se enfrenta a su canto en el mar. Aquí aparecen solo dos, pero otras tradiciones hablan de tres o incluso de cuatro. Se sabe que su especialidad era la música y se cree que una tocaba la lira, otra cantaba y la otra tocaba la flauta.

Para el poeta y mitógrafo Ovidio, las sirenas no siempre tuvieron esa forma, sino que en un principio eran mujeres muy hermosas compañeras de Perséfone antes de que esta fuera _____3_____ por Hades. Cuando sucedió el secuestro, ellas les pidieron a los dioses que les dieran alas para poder ir en busca de su amiga. Hay una leyenda que cuenta que después de la metamorfosis, rivalizaron con las musas y estas muy ofendidas las _____4_____ y se coronaron con sus _____5_____.

De acuerdo con el mito más difundido, vivían en una isla del Mediterráneo que tradicionalmente se ubicaba frente a la isla de Sorrento. La música que tocaban atraían a los marinos que, _____6_____ por el sonido, perdían el control del barco, que se _____7_____ contra los arrecifes. Entonces las sirenas devoraban a los imprudentes navegantes.

Varios héroes pasaron _____8_____ por su isla gracias a tretas o a la ayuda de algún dios. De igual manera, Odiseo, fecundo en _____9_____, cuando se iban acercando a la isla temida, ordenó a sus hombres, por consejo de Circe, que se taparan los oídos con cera, y él se hizo _____10_____ al mástil del barco, diciendo que, pasara lo que pasara, no lo desataran. Al escuchar los cantos de las sirenas quiso soltarse, pero sus compañeros no se lo permitieron. Cuenta la leyenda que las sirenas desoladas por su fracaso se lanzaron al mar y murieron ahogadas. Posteriormente, las sirenas pasaron a ser consideradas divinidades del más _____11_____, y se suponía que cantaban para los bienaventurados en las Islas Afortunadas. Fue así como pasaron a representar las armonías celestiales y es así como las dibujan en _____12_____ y sarcófagos.

Adaptado de www.encuentos.com

1.	**a)** primogénito	**b)** primerizo	**c)** primario
2.	**a)** rociada	**b)** diseminada	**c)** derramada
3.	**a)** detenida	**b)** apropiada	**c)** raptada
4.	**a)** emplumaron	**b)** desplumaron	**c)** arrasaron
5.	**a)** desechos	**b)** despojos	**c)** desperdicios
6.	**a)** atolondrados	**b)** empachados	**c)** aturdidos
7.	**a)** estrellaba	**b)** derrumbaba	**c)** despeñaba
8.	**a)** ilusos	**b)** infalibles	**c)** incólumes
9.	**a)** embrollos	**b)** ardides	**c)** deslices
10.	**a)** abrochar	**b)** amarrar	**c)** enhebrar
11.	**a)** allá	**b)** acá	**c)** allí
12.	**a)** ataúdes	**b)** hoyos	**c)** tallas

TAREA 2

A continuación va a leer un texto del que se han extraído seis párrafos. Después, lea los siete párrafos propuestos, a)-g), y decida en qué lugar del texto, 13-18, hay que colocar seis de ellos.
Cuidado, hay un párrafo que no tiene que elegir.

El talento se puede inventar

La ciencia, a medida que va irrumpiendo en la cultura popular, ofrece respuestas a las mujeres y hombres de la calle, que antes decían buscar en los protagonistas del pensamiento dogmático o en los brujos. La búsqueda del talento y la creatividad es un buen ejemplo.

13. _____ El primer día que uno de los homínidos cazadores recolectores exclamó: «¡Mi hijo es más fuerte que el hierro!», estaba activando un don insospechado de mezclar dominios cerebrales distintos como el biológico -el hijo- con el dominio, hasta entonces separado, de los materiales -en este caso-, el hierro.

14. _____

Para abordar el segundo requisito imprescindible del talento hay que saber que en el cerebro existen unos circuitos por donde se activan los llamados *inhibidores latentes*. **15.** _____ Ya sabemos que ocurre igual con los enamorados. En este caso, sus inhibidores latentes les funcionan demasiado bien, hasta el punto que se abstraen de todo lo demás y solo pueden concentrarse en los supuestos atributos de la amada o del amado. Sirve de poco alertarlos de peligros reales sobre la conducta del ser amado. Solo ven sus virtudes y se inhiben del resto.

16. _____

Durante mucho tiempo se creyó que el talento era fruto de una reflexión. Nunca se habían analizado científicamente los mecanismos intuitivos. **17.** _____ Cuando no había tiempo para ponderar distintos factores, se tomaban decisiones intuitivamente; y la verdad es que, poco a poco, se pudo constatar que el margen de error en los procesos automatizados no era mayor, sino todo lo contrario, que el de los procesos discriminatorios, cuando había tiempo para pensar.

18. _____ Un ejemplo: ¿Qué población tiene más habitantes, Toledo o Guadalajara? Si la pregunta se hace a españoles, que sobre este particular tienen bastante información, la opinión estará muy dividida. Si la misma pregunta se hace a ciudadanos franceses que han oído hablar de Toledo alguna vez estudiando historia, pero poco más, el porcentaje de aciertos en las respuestas será, con toda probabilidad, más cercano a la realidad: Toledo.

El talento depende, por último, del coeficiente intelectual. De lo listo que sea uno. Eso es lo que se había creído siempre. Pues es falso. Resulta que el mejor jugador de *hockey* sobre patines lo es porque le ha dedicado al tema un promedio de diez mil horas. Lo mismo que Bill Gates a la programación de ordenadores. Sin dedicación y esfuerzo no hay talento que valga.

Eduardo Punset
Adaptado de *Excusas para no pensar*

FRAGMENTOS

---

a)

La intuición no se consideraba siquiera conocimiento. No te podías fiar de la intuición. Más tarde, el análisis científico demostró que gran parte de la historia de la evolución transcurrió a golpe de intuición.

b)

Cincuenta mil años después, los catedráticos utilizan una palabra para el mismo don: multidisciplinariedad. Sin el ejercicio del poder metafórico o multidisciplinar no hay talento que valga.

c)

¿Han oído hablar de la capacidad metafórica? Es el primer requisito del talento; la especie humana se supone que lo desarrolló hace unos cincuenta mil años.

d)

Sin inhibidores latentes como estos, es decir, aquellos que permitan asimilar información o conocimientos procedentes de lugares dispares, como ocurre con los artistas, no hay talento que valga.

e)

En los últimos años, la ciencia ha ido más lejos y ha llegado a la conclusión de que, en determinados casos, es mucho más segura la intuición que la razón. ¿Cuándo? Cuando no se dispone de toda la información necesaria. En muchas ocasiones, menos información es mejor que mucha información.

f)

Lo que está sugiriendo la ciencia, ni más ni menos, es que el mundo de los sentimientos y la historia del pensamiento inciden en el corazón de la gente de igual manera que una hambruna o el calentamiento global.

g)

Las personas a quienes les funcionan adecuadamente pueden leer una novela en un tren abarrotado de gente. Se inhiben del mundanal ruido y pueden concentrarse en la lectura de la novela.

TAREA 3

A continuación va a leer seis reseñas de libros sobre psicología, a)-f), y ocho enunciados, 19-26. Marque a qué reseña corresponde cada enunciado.
Recuerde que hay textos que deben ser elegidos más de una vez.

a) *Eres tu memoria: conócete a ti mismo,* de Luis Rojas Marcos

La memoria humana es el cemento que une todas nuestras experiencias y conocimientos y da consistencia a nuestra identidad. Realmente, somos lo que recordamos de nosotros mismos.
En esta obra se describe la capacidad de la memoria para moldear, evocar y olvidar los datos que graba y almacena; examina sus bloqueos, distorsiones y fallos; detalla los venenos y las enfermedades que la debilitan o la destruyen, y distingue los efectos del envejecimiento normal de los síntomas de la demencia de Alzheimer.
Analiza las medidas que podemos tomar para prevenir su deterioro prematuro o estrategias mnemotécnicas que nos ayudan a retener información. Enuncia también los medicamentos que ejercen efectos terapéuticos sobre memorias desgastadas o que retardan su destrucción en las víctimas de Alzheimer.

www.luisrojasmarcos.com

b) *50 cosas que hay que saber sobre psicología,* de Adrian Furnham

La psicología está presente en nuestra sociedad como nunca antes lo había estado. No existe novela de ficción, documental, consulta médica, o espacio televisivo que no introduzca el punto de vista psicológico en sus comentarios. La psicología pretende entender y explicar el comportamiento y las ideas, las emociones y los pensamientos en un área temática tan amplia como vertiginosa: desde los delirios de grandeza a las causas del cáncer; del comportamiento social a las fobias, de la dislexia a los mitos en torno a la felicidad. Escrito a partir de las últimas investigaciones en este campo y con la aportación de psicólogos prestigiosos, el presente volumen es una introducción magistral al universo de la psicología. Adrian Furnhman ofrece 50 breves y accesibles comentarios en torno a las ideas centrales de la psicología proporcionando al lector un rico vocabulario que explica y describe el comportamiento humano.

www.lecturalia.com

c) *Superar un trauma,* de Enrique Echeburúa

Un trauma supone un malestar intenso por un suceso negativo brusco e inesperado de consecuencias dramáticas y causado por otros seres humanos. Este tipo de acontecimientos desborda con frecuencia la capacidad de respuesta de una persona, que puede sentirse incapaz de adaptarse a la nueva situación y perder la esperanza en el futuro. Pero un trauma también puede superarse. Hay personas que consiguen sobreponerse al terrible impacto de un atentado terrorista, de una agresión sexual, de la pérdida violenta de un hijo o de una relación traumática de pareja y descubren de nuevo, sin olvidar lo ocurrido, el valor de la existencia y la alegría de vivir. Aunque aún queda mucho por saber, sí se conocen ya las razones por las que una persona puede quedar marcada trágicamente para toda la vida o que otra, por el contrario, haga frente a la contrariedad y disfrute de la vida cotidiana.

www.lecturalia.com

d) *Adolescentes desafiantes y rebeldes,* de Christine M. Benton, Arthur L. Robin, Russell A. Barkley

¿Cómo recuperar la autoridad perdida sin provocar una lucha de poder cuando la conducta rebelde de un adolescente supera los límites? Este libro ofrece las claves que ayudarán a los padres a reorientar de manera positiva las conductas y actitudes conflictivas de sus hijos adolescentes. Basado en diez pasos simples que sirven para reorientar la conducta de los jóvenes problemáticos, *Adolescentes desafiantes y rebeldes* ofrece soluciones prácticas para resolver los conflictos cotidianos. Un libro útil y eficaz con el que los padres aprenderán a potenciar el respeto mutuo, a poner en práctica la resolución conjunta de los problemas y a reforzar los vínculos familiares, al tiempo que proporcionarán al joven adolescente las herramientas necesarias para convertirse en un adulto maduro e independiente.

http://ebooks.lecturalia.com

e) *Psicología del color,* de Eva Heller

El estudio de Eva Heller, basado entre otras cosas en una encuesta realizada a 2 000 personas, demuestra que los colores y los sentimientos no se combinan de manera accidental, que sus asociaciones no son cuestión de gusto, sino «experiencias universales profundamente enraizadas desde la infancia en nuestro lenguaje y nuestro pensamiento», lo cual puede explicarse, como hace a lo largo del libro, mediante el simbolismo psicológico y la tradición histórica. A pesar de las sensaciones individuales, hay una comprensión universal, las impresiones y vivencias que producen los colores pueden considerarse de una manera perfectamente objetiva, aunque cada individuo vea, sienta y juzgue los colores de una manera personal.

Los efectos de los colores no son innatos, pero como se conocen en la infancia a la vez que el lenguaje, los significados quedan interiorizados en la edad adulta y parecen innatos.

«Quien nada sabe sobre los efectos universales y el simbolismo de los colores, jamás podrá emplearlos adecuadamente».

http://olgacarreras.blogspot.com

f) *La resiliencia: ¿mito o realidad?,* de Michel Manciaux

La resiliencia es la capacidad de una persona o grupo para seguir proyectándose en el futuro a pesar de acontecimientos desestabilizadores, de condiciones de vida difíciles y de traumas a veces graves. La resiliencia se sitúa en una corriente de psicología positiva y dinámica de fomento de la salud mental y parece una realidad confirmada por el testimonio de muchísimas personas que, aún habiendo vivido una situación traumática, han conseguido encajarla y seguir desenvolviéndose y viviendo, incluso, en un nivel superior, como si el trauma vivido y asumido hubiera desarrollado en ellos recursos latentes e insospechados. Aunque durante mucho tiempo las respuestas de resiliencia han sido consideradas como inusuales e incluso patológicas por los expertos, la literatura científica actual demuestra de forma contundente que la resiliencia es una respuesta común y su aparición no indica patología, sino un ajuste saludable a la adversidad.

www.psicologia-positiva.com

PREGUNTAS

19. En esta reseña se alude a la capacidad que tiene el ser humano para sobreponerse a los impactos emocionales negativos, pese al riesgo que tiene de caer en la desesperación.

a)	b)	c)	d)	e)	f)

20. El autor de esta obra aporta pruebas irrefutables para demostrar que determinadas capacidades psicológicas humanas no constituyen una enfermedad.

a)	b)	c)	d)	e)	f)

21. En este libro se dan pautas para que las familias puedan resolver sus problemas.

a)	b)	c)	d)	e)	f)

22. En esta reseña se hace alusión a una facultad humana que aglutina y da solidez a los rasgos propios de cada persona.

a)	b)	c)	d)	e)	f)

23. Esta obra nos ofrece una serie de términos relacionados con la conducta de las personas.

a)	b)	c)	d)	e)	f)

24. En esta obra se estudia cómo prevenir el envejecimiento de una importante facultad humana.

a)	b)	c)	d)	e)	f)

25. El autor de esta obra recurre al simbolismo psicológico y a la tradición histórica para explicar un determinado fenómeno psicológico.

a)	b)	c)	d)	e)	f)

26. Esta reseña menciona que ya se conocen los fundamentos por los que una persona puede hacer frente a la adversidad.

a)	b)	c)	d)	e)	f)

Anote el tiempo que ha tardado:

Recuerde que solo dispone de **60 minutos**

CD I

Pista 9

TAREA 4

A continuación, va a escuchar un fragmento de un programa radiofónico sobre los ángeles. Deberá elegir las cinco opciones que resumen la conferencia entre las doce que aparecen, a)-l). Escuchará la audición dos veces.

Dispone de un minuto y cuarto para leer las opciones.

OPCIONES

a) Para que los ángeles vengan en tu auxilio se lo tienes que rogar.

b) *Atreverse, saber, poder* y *querer* son las condiciones que los ángeles ponen para ayudarnos.

c) Tras el primer recodo del camino nos espera el *querer,* la primera condición necesaria.

d) La fe es el punto fundamental a la hora de pedir auxilio a los ángeles.

e) Aunque no creamos en la existencia de los ángeles, siempre puede hacernos bien el acogernos, en caso de necesidad, a su favor.

f) Los ángeles nos escucharán si nuestra petición no es falsa.

g) La palabra divina suele ser una cháchara sin fondo.

h) El paso del tiempo es algo puramente terrenal.

i) Si pedimos a los ángeles algo negativo, estamos atrayendo de alguna manera la negatividad hacia nosotros.

j) Cuando pedimos ayuda a los ángeles debemos pensar: «Va a salir bien aunque no creo que el resultado sea acorde con mis deseos».

k) A pesar de que no creamos en los ángeles, hay que atreverse a verlos como realidades tangibles.

l) Los ángeles invisibles nos ayudarán siempre al inicio de cada día.

Señale las opciones elegidas.

27	28	29	30	31

TAREA 5

CD I

Pista 10

A continuación va a escuchar a dos personas que participan en un debate televisivo sobre el tema de la existencia de fantasmas. Después deberá marcar qué ideas expresa el hombre (H), cuáles la mujer (M) y cuáles ninguno de los dos (N) entre las 15 frases que aparecen, 32-46.
Escuchará la audición dos veces.

Dispone de un minuto para leer las frases.

OPCIONES

	H	M	N
32. Hay gente creyente que, sin embargo, no cree en la existencia de fantasmas y eso es una paradoja.			
33. Los fantasmas son entes que no se han marchado definitivamente.			
34. El origen de lo paranormal deriva siempre de desequilibrios nerviosos internos.			
35. Desde el punto de vista científico no hay datos concretos sobre la existencia de fantasmas.			
36. Los fantasmas son muy inteligentes y adivinan siempre lo que el testigo de su presencia piensa.			
37. El doctor Barnard vio un fantasma porque tenía hepatitis viral.			
38. La ciencia no conoce todo lo que ocurre en el universo, incluidos los fantasmas.			
39. La ciencia trata de explicar las cosas por el camino más sencillo.			
40. Las drogas pueden hacer que se vean fantasmas.			
41. Más de la mitad de los estadounidenses entrevistados apoya la tesis bíblica del tiempo de la creación.			
42. El doctor Barnard, cuando estaba en el hospital, escribió sobre el fantasma de la mujer de la habitación contigua a la suya.			
43. Hay tratados de parapsicología que ordenan y disponen por clases los fantasmas y sus efectos.			
44. En años venideros, sin duda, los fantasmas se explicarán desde el punto de vista objetivo y pragmático.			
45. La gente considera como ciertos algunos fenómenos sin explicación científica.			
46. Los fantasmas tienen muy baja temperatura.			

CD I

Pista 11

TAREA 6

A continuación va a escuchar una entrevista a una experta sobre crisis emocionales. Después, seleccione la opción correcta, a), b) o c), para contestar a las preguntas, 47-52. Escuchará la entrevista dos veces.

Dispone de un minuto para leer las preguntas.

PREGUNTAS

47. La entrevistada dice que:

- **a)** Cuantos más currículos enviemos, menos ansiedad sentiremos.
- **b)** Las emociones negativas vienen del bloqueo por dos causas frecuentes.
- **c)** Cuando un desempleado se bloquea, es siempre porque ha tenido muchas entrevistas de trabajo anteriormente.

48. En esta entrevista escuchamos que:

- **a)** Debemos focalizarnos en las personas que han encontrado trabajo.
- **b)** Las entrevistas de trabajo que salieron mal pueden provocarnos emociones negativas.
- **c)** Hace diez años había las mismas personas que ahora buscando trabajo.

49. Según Carmen Álvarez:

- **a)** En la actualidad hay menos empleos que candidatos.
- **b)** Tenemos que escribir en un cuaderno las cinco cosas que deseamos.
- **c)** Aunque pensemos las cosas positivas, si no las escribimos, no se cumplen.

50. Carma Álvarez afirma que:

- **a)** En una semana podemos encontrar más de cien cosas buenas en nuestra vida.
- **b)** El nivel de puestos de trabajo depende de la focalización de las personas que lo buscan.
- **c)** Tenemos que tener un pensamiento positivo a la hora de buscar trabajo.

51. En la entrevista se cuenta que:

- **a)** La música clásica influye en nuestros pensamientos positivos.
- **b)** Valoramos demasiado las cosas que perdemos.
- **c)** No solemos fijarnos en las cosas buenas que nos pasan en la vida.

52. La entrevistada informa de que:

- **a)** En una entrevista laboral importa menos nuestra formación académica que la emocional.
- **b)** Convencer al entrevistador de que nosotros podemos ayudarle a levantar la empresa es una forma de solucionar las crisis emocionales.
- **c)** Tenemos que seguir los caminos creados, según Aníbal el Cartaginés.

Anote el tiempo que ha tardado:

Recuerde que solo dispone de **105 minutos**

PRUEBA 2

Destrezas integradas: c. auditiva y de lectura y expresión e interacción escritas

150 min
Tiempo disponible para las 3 tareas.

TAREA 1

La revista de actualidad para la que usted ha empezado a trabajar le ha encargado que realice un artículo argumentativo o de opinión sobre las supersticiones y las creencias tradicionales. Para su elaboración usted dispone de una audición de un coloquio radiofónico sobre el número 13, de un pequeño resumen de las supersticiones más generalizadas en distintas culturas y de un artículo sobre el origen de las supersticiones.

Va a escuchar el coloquio dos veces. Tome notas y utilice las tres fuentes proporcionadas, seleccionando la información que considere relevante. A continuación organícela y redacte el informe. Número de palabras: entre 400 y 450.

CD I

Audición 1   **El número 13**

Pista 12

TEXTO 1

Amuletos y supersticiones del mundo

El **gato negro** es considerado desde el inicio de los tiempos como un animal mágico. En la Edad Media, sin embargo, se relacionó a los gatos negros con la brujería (se decía que los gatos negros eran brujas transformadas en tales), motivo por el cual los gatos negros (y gatos en general) eran perseguidos, cazados, metidos en sacos y quemados en hogueras, y les cortaban las cabezas.

5 Sin embargo, no siempre fueron símbolo de mala suerte. En Egipto, se los consideraba animales sagrados, ya que estaban relacionados con el culto a la diosa Bastet. En la Inglaterra victoriana se consideraba que si unos novios recién casados se encontraban con un gato negro, esto simbolizaba prosperidad en el matrimonio. Y los marineros creían que tener un gato a bordo les traería buena suerte.

10 **Romper un espejo** da mala suerte. Esta creencia es común en todo Occidente cristiano, se sitúa entre las supersticiones más citadas y proviene para algunos del uso adivinatorio del espejo. En las sesiones de *craptomancia* de los antiguos griegos, la rotura del espejo anunciaba la muerte. Es probable que esta superstición obedezca a la idea de que la imagen reflejada en el espejo es el doble o el alma de quien lo utiliza y que, en consecuencia, romperlo equivale a poner su vida 15 en peligro.

El influir maléfico que se atribuye supersticiosamente a la mirada de algunas personas es una creencia muy antigua. Las raíces de esta creencia llegan hasta Babilonia y el antiguo Egipto. También se observa entre los sumerios y los hititas. Según ellos, los malos sentimientos que están dentro del ser humano salen fuera a través de los ojos. Los ojos son la parte más expresiva y evi-20 dente del cuerpo. Para evitar o reflejar este poder, utilizaron algo en contra. Así que empezaron a ponerse un abalorio con forma de ojo.

Arrojar granos de arroz, nueces o confites a los novios en las bodas es parte de un antiguo rito de fertilidad y prosperidad, ya que son granos que dan vida. En algunos países europeos se arrojan huevos, y en Oriente, pétalos de rosa.

Adaptado de varias fuentes

Comprensión auditiva y de lectura y expresión e interacción escritas

TEXTO 2

Somos un país de supersticiosos

«Aquí todo el mundo es supersticioso, incluidos los que dicen no serlo», sentencia Pedro Pablo García May, que acaba de publicar la novela *Demonios familiares*. Ya lo dijo Carlos Sainz: «No soy supersticioso, pero los gatos negros no me han gustado nunca». Para que nos entendamos, ser supersticioso es creer que a una acción o circunstancia concreta seguirá un resultado (mala
5 suerte) sin que exista relación causa-efecto objetiva entre ambos hechos.

Una excelente investigación realizada por el sociólogo Andrés Canteras Murillo y el INJUVE, titulada *Sentido, valores y creencias en los jóvenes*, resulta más que útil para tomarle el pulso a nuestra capacidad para creer en lo mágico y lo misterioso. Para empezar, que 6 de cada 10 encuestados manifiesten su disposición a creer en algo cuando 7 de cada 10 le conceden poca o ninguna im-
10 portancia a la religión, no es que diga mucho, es que lo vocea: La razón se ha impuesto a la fe, pero no ha eclipsado el misterio.

Para colmo, estamos marcados por el sentido de lo práctico y lo urgente. Que más de la mitad de los encuestados (55%) no esté dispuesto a creer en nada que no le resuelva problemas concretos significa que en los fogones de nuestro espíritu solo tiene cabida la cocina rápida. La versión mo-
15 dernizada del clásico decirse muy religioso y ser enfermizamente supersticioso a la vez sin reparar en la contradicción. Entre las creencias más generalizadas están: el destino (36%), los ovnis y los extraterrestres (25%), las comunicaciones con espíritus y el horóscopo (ambas con un 39% de afiliación). Un ejemplo que da medida de este revoltillo trascendental es el de la actriz Lorena Bernal, capaz de asegurar que no es supersticiosa; no cree en la suerte; cree en el destino y cree
20 «en una fuerza importante de los astros, que nos afecta a los seres humanos».

Los expertos consultados coinciden en que, en la España actual, la superstición goza de estupenda salud. Se apunta que vivimos inmersos en un *mix* de cuño propio que incluye rituales de cultos diversos, saberes (e ignorancias) esotéricos y un catálogo cada vez más variado y exótico de supersticiones de andar por casa. De ahí que, a la hora de creer en algo, se inclinen por «conocer
25 diferentes creencias y quedarse con lo mejor de cada una de ellas» (66%).

Pero... ¿a qué tenemos exactamente miedo los españoles? Consuelo Valero de Castro, autora de *Magia, hechicería y supersticiones de la Historia*, recuerda una encuesta realizada en nuestro país según la cual «el número de bodas en los días 13 era un 60% inferior al de los otros días del mes y si además ese día caía en martes, el porcentaje se elevaba al 85%». Que comportamientos
30 como este gozan de excelente salud todavía hoy, mientras creencias importadas -y algunas no tan inocuas- ganan también terreno, es evidente para esta investigadora: «Al comienzo del milenio se produjo una auténtica explosión. A nuestras supersticiones de siempre se sumaron otras foráneas. Creo que está relacionado con el hecho de vivir en una sociedad muy materialista y la gente inventa fórmulas para evadirse de ello». La Sociedad Española de Parapsicología ha cifrado en
35 algo más de 1 000 millones de euros el gasto anual de los españoles solo en adivinos y videntes, lo que viene a demostrar que la superstición es la mar de rentable para quien se decide a explotarla.

¿Es la generalizada incertidumbre que vive nuestra sociedad la que nos aboca a seguir instalados en la superstición? El sociólogo Javier Elzo cree que sí: «*Incertidumbre* es el término que mejor
40 define la actual situación de la sociedad europea. Hay muy poca gente con convicciones sólidas (fundamentales o, al menos, críticamente razonadas). La mayoría son light, superficiales, y las personas son carne de cañón de toda suerte de supersticiones, querencias, amuletos. Son, muchas veces, signos de inseguridad, aunque la moda también ayude».

Adaptado de www.elmundo.es

REDACTAR UN ARTÍCULO ARGUMENTATIVO

Características	**Los argumentos:** – Deben ser claros. – Deben ir en párrafos independientes, pero bien unidos con conectores.	**Se puede:** – Dar cifras, datos. – Citar a personas o instituciones. – Razonar sobre causas y consecuencias.	**Evitar:** – Los sentimientos y las emociones. – Las repeticiones.

INTRODUCCIÓN
El tema: fumar o no.
La tesis: debería estar prohibido.
Postura: a favor, en contra, matizada.

1.er argumento
Fumar perjudica gravemente la salud.

2.º argumento
Los gobiernos tienen una doble moral sobre el tema.

3.er argumento
El estado se beneficia de los impuestos de los fumadores.

4.º argumento
Las leyes deben ir con campañas educativas y subvenciones.

5.º argumento
Hay que defender los derechos de los fumadores sin excluir a los no fumadores.

Opinión personal y matización

Conclusión

¿Es bueno que esté prohibido fumar en todos los lugares públicos? La verdad es que no resulta fácil tomar una postura tajante, porque como exfumador comprendo los dos puntos de vista.

En primer lugar, es cierto que fumar perjudica gravemente la salud de quien fuma y de quienes les rodean, tal como ha quedado demostrado en numerosos estudios científicos, largamente silenciados, por otra parte, por las grandes tabacaleras.

En segundo lugar, ante la evidencia anterior, los gobiernos deberían tomarse el asunto en serio y no mostrar una doble moral aprobando leyes que prohíban fumar en público, **por un lado**, y subvencionando, al mismo tiempo, los cultivos de tabaco y beneficiándose de los pingües beneficios que les proporcionan los impuestos de su venta, **por otro**. Esto sin olvidar que la Tabacalera ha sido monopolio del estado en este país durante muchísimos años.

Y respecto a los impuestos, he leído que en nuestro país el estado recibe más dinero de las tasas que dejan los fumadores en la compra de cada cajetilla que lo que dedica a la atención sanitaria de los innegables efectos perniciosos que el tabaco ocasiona en los fumadores: enfisema pulmonar, cáncer de pulmón, de garganta, de lengua... ¿Es admisible que el estado haga negocio a costa de los fumadores?

Está muy bien que el Ministerio de Sanidad apruebe leyes que defiendan los derechos de los no fumadores, ciertamente olvidados hasta ahora, pero creo que estas normas deberían ir acompañadas de campañas educativas para que los jóvenes no empiecen a fumar. **Asimismo**, pienso que esta ley debería ofrecer tratamiento gratuito para dejar de fumar a las personas que así lo decidan. Como ya hemos dicho, dinero no les falta.

Es evidente que el humo del tabaco molesta a los no fumadores -los fumadores deben ser conscientes de ello y actuar con responsabilidad- y, **sin lugar a dudas**, hay que defender el derecho a tener unos espacios públicos sin humos. **No obstante**, esto puede conseguirse con la creación de áreas reservadas para los fumadores, **de manera que** se pueda convivir con ellos sin demonizarlos o excluirlos como si fueran apestados.

En nuestra opinión el ideal sería una sociedad sin humos, pero ante la realidad del alto porcentaje de fumadores de nuestro país -el 31%-, hay que conseguir un equilibrio entre los derechos de unos y de otros. **Del mismo modo**, si admitimos que fumar es un hábito nocivo, que lo es, también podríamos considerar que otros lo son también, como beber demasiado alcohol y comer en exceso... y, **en consecuencia**, ¿deberían ser regulados por ley?

En conclusión, sí a los espacios sin humos, pero no a la exclusión de los fumadores. Creemos que las leyes que fomentan conductas muy restrictivas o excluyentes pueden llevarnos por el indeseable camino de la intolerancia.

CONECTORES

Ordenar:
En primer lugar
En segundo lugar
Para empezar
Ante todo

Distinguir:
Por un lado
Por otro
Por una parte
Por otra

Continuar:
Además
Asimismo
Así pues

Insistir:
En otras palabras
Como he dicho
En efecto
O sea
Hay que destacar

Oposición:
En cambio
No obstante
Ahora bien
De todas maneras

Concluir:
En conclusión

Hay que evitar los argumentos falsos o falacias:
– No hay que atacar a las personas o no dejarles opinar.
– No se debe aplicar una regla general a un caso particular.
– Las excepciones no deben ser la base de una regla general.
– No se deben tergiversar las palabras de otros para adaptarlas a nuestra postura.
– No se debe dar pena para conseguir algo.
– Se deben evitar la ambigüedad y las informaciones confusas.

TAREA 2

Usted trabaja en la elaboración de una enciclopedia de antropología para su universidad y le han pedido que escriba una definición precisa de la antropología social.

Para documentarse usted ha entrevistado por teléfono a Teresa del Valle, antropóloga que recientemente ha recibido un premio por su labor en esta área de investigación. Usted debe reescribir el texto y adaptar la entrevista al lenguaje apropiado para publicar en la enciclopedia una definición precisa de lo que es antropología social. Para esto debe utilizar todos los recursos que le parezcan necesarios: coherencia en estructura, puntuación correcta, léxico preciso, sintaxis elaborada y eliminación de las características del lenguaje oral.

Número de palabras: entre 150 y 200.

¿Qué es la antropología social?

LA antropología social... bueno, es un área de conocimiento muy importante que se ubica en, sería, en las Ciencias Sociales, ¿no? Es decir, a lo largo de la historia los seres humanos hemos ido desarrollando formas distintas de cómo entender la realidad, de cómo comprenderla... y luego también de cómo salir al paso de nuestras necesidades, pues que van desde necesidades materiales o muy básicas, como pueden ser la comida hasta la necesidad de entender o de responder a preguntas acerca de dónde venimos, a dónde vamos, qué sentido tiene la vida para nosotros, ¿no? Sobre todo, algo también que es muy importante que para mí ha sido muy importante, es cómo la antropología va respondiendo a una necesidad que es absolutamente básica que tiene que ver con cómo prolongamos en el tiempo nuestra existencia como seres humanos y, para ello, cómo cuidamos a los pequeños y a las pequeñas, qué tipos de cuidados les damos, a quién corresponde cómo lo hacemos y también cómo cuidamos de las personas dependientes o por edad o por enfermedad. Eso es básico en la antropología: el estudiar cómo los distintos grupos han ido creando, bueno... esas necesidades a respuestas básicas, pero también cómo han ido creando respuestas a necesidades acerca de preguntas como pueden ser, eh... relacionadas con eh... por qué estoy aquí y después cómo todo eso se estructura en el día a día, es decir, la interacción social es básica en el estudio de la antropología.
(sic)

Teresa del Valle
www.eitb.com

TAREA 3

En la comunidad en donde usted vive están interesados en fomentar valores en la infancia. Le han pedido su ayuda para conocer cuáles son los valores que se inculcan a los niños en distintos países. A partir del siguiente gráfico, que destaca las similitudes y diferencias en los valores que se transmiten a los hijos en distintos países, elabore un breve informe para su comunidad en el que se refleje la situación actual y haga una previsión para los próximos años.

Número de palabras: entre 200 y 250.

Valores que se considera importante transmitir a los hijos en distintos países

Porcentaje de entrevistados de 30 a 50 años que señalan el valor.

Cinco respuestas posibles

	ESPAÑA	FRANCIA	ALEMANIA	ITALIA	MARRUECOS	IRÁN	INDONESIA
Buenos modales	84	65	61	70	91	89	85
Independencia	45	36	74	48	34	49	78
Esfuerzo en el trabajo	42	46	18	29	67	63	66
Sentido de la responsabilidad	84	74	88	82	63	73	85
Imaginación	32	24	35	14	9	11	32
Tolerancia y respeto a los demás	82	87	76	78	63	63	62
Sentido de la economía y espíritu de ahorro	29	32	33	28	37	28	50
Determinación, perseverancia	34	41	47	37	17	27	42
Fe religiosa	14	7	12	31	80	72	94
Espíritu de sacrificio	10	42	7	47	11	27	46
Obediencia	47	34	10	25	52	40	54

Fuente: Encuesta Mundial de Valores, 1999-2000, microdatos disponibles en www.jdsurvey.com; selección de países.

Anote el tiempo que ha tardado:

Recuerde que solo dispone de **150 minutos**

PRUEBA 3 Destrezas integradas:
c. de lectura y expresión
e interacción orales

20
min
Tiempo disponible
para las 3 tareas.

30
min
Tiempo disponible para
la preparación de la
intervención oral.

TAREA 1

LA BÚSQUEDA DE LA FELICIDAD

Todas las personas aspiramos a la felicidad, aunque en la actualidad el modo de vida impuesto en algunos países y las desigualdades entre los seres humanos suponen una amenaza para conseguirla. A pesar de esto, sabemos que la humanidad avanza poco a poco en las conquistas sociales y en el logro de felicidad.

Prepare una presentación de 6-8 minutos sobre La búsqueda de la felicidad *en la que exponga al entrevistador:*

- la relación existente entre economía y felicidad;
- la percepción optimista o pesimista que tenemos los seres humanos sobre la felicidad y el progreso de la humanidad;
- el grado de felicidad que nos proporcionan algunos bienes físicos o materiales;
- los estadios que debe superar el ser humano para alcanzar la felicidad.

Para preparar su intervención cuenta con los siguientes materiales de apoyo. Utilícelos todos, seleccionando de cada uno de ellos la información que considere oportuna:

- Texto 1. *Felicidad interior bruta frente a producto interior bruto*
- Texto 2. *La fuerza del optimismo,* texto adaptado, de Luis Rojas Marcos
- Gráfico 1. *La felicidad para toda la vida*
- Gráfico 2. *La pirámide de Maslow*

Texto 1

FIB frente a PIB

Felicidad interior bruta frente a producto interior bruto

Hoy se producen más alimentos que nunca, pero más del 10% de la población mundial pasa hambre. Hay al menos 800 millones de personas con hambre y más de 1 000 millones con sobrepeso. Los informes de Naciones Unidas indican que en los últimos decenios se han incrementado como nunca las desigualdades entre ricos y pobres, tanto a nivel global como dentro de la mayoría de países. La búsqueda del bien común implica acabar con las situaciones de extrema desigualdad, precariedad e injusticia que encontramos en el mundo de hoy.

Por otra parte, en los países del norte el crecimiento material no se traduce ya en más calidad de vida. Nuestra plenitud personal y el bien común de la sociedad están mucho más ligados a valores intangibles -como las relaciones personales, la alegría de vivir, el tiempo libre y la creatividad- que a los bienes materiales. El verdadero bienestar no depende de acumular posesiones materiales, sino de desarrollar una vida llena de sentido en un contexto social cooperativo y en armonía con un entorno natural que mantenga su integridad.

Nuestra sociedad utiliza muchos más recursos de los que haya usado nunca otra cultura y, sin embargo, no consigue un nivel de satisfacción y plenitud claramente superior. Hay datos que muestran que los ciudadanos de Estados Unidos, Gran Bretaña y Japón no son más felices que hace cincuenta años, pese a que la riqueza material se ha multiplicado. Así, los ingresos reales per cápita se han triplicado en Estados Unidos desde 1950, pero el porcentaje de ciudadanos que en las encuestas se declaran «muy felices» ha disminuido desde mediados de los años 70. Esta paradoja se ha constatado en prácticamente todos los países que han visto crecer enormemente su economía y su consumo en el último medio siglo.

La psicología, la neurología, la antropología y la primatología muestran cada vez más que el altruismo, la empatía y la solidaridad son algo natural en los humanos (y, en gran medida, en el conjunto de los primates). Nuestras mentes están mucho menos aisladas de lo que pensamos. El individualismo y el egocentrismo, paradójicamente, nos hacen sentir pequeños. Un estudio reciente en Alemania mostró que la inclinación a participar en cuestiones sociales y a preocuparse por la familia y los amigos fomenta la satisfacción personal, mientras que la inclinación por las ganancias materiales y el éxito resulta contraproducente para la satisfacción vital. Cuanto más practicamos la generosidad, la gratitud y la solidaridad, y cuanto más conectamos con los demás, mejor para nosotros, para la sociedad y para el planeta.

Jordi Pigem
http://blogs.elpais.com

Texto 2

La fuerza del optimismo

Si entramos en un contexto más general, hay tres supuestos pesimistas, tan antiguos como populares, que a menudo sirven como base justificativa de una visión deprimente y fatalista del mundo y sus ocupantes. No obstante, confieso que no pasan muchos días sin que me encuentre a alguna persona estancada en el derrotismo a causa de estas nefastas e irreales quimeras.

Una es la creencia de que los mortales somos seres malévolos por naturaleza. Esta idea explica el que tanta gente se asombre o exprese incredulidad ante no-
5 ticias de gestos abnegados o altruistas. También explica los intentos que hacen tantos críticos sociales para buscar motivos interesados en esas conductas bondadosas. (…) El pesimista busca por
10 todos lados el talón de Aquiles y descubre que el honrado bombero es de hecho un pirómano inhibido; que el valiente soldado da rienda suelta a sus impulsos suicidas inconscientes o a sus instintos
15 homicidas; que el policía se dedica a perseguir criminales para no volverse él mismo un criminal; que todo cirujano es un sádico disfrazado; que el ginecólogo es un *voyeur;* que el psiquiatra quiere ju-
20 gar a ser Dios…
Pese a la popularidad del «piensa mal y acertarás», cada día se acumulan más datos científicos que demuestran que los seres humanos heredamos y transmiti-
25 mos la bondad a través de nuestro equipaje genético. Por otra parte, cualquiera que observe sosegadamente a sus allegados y a los miembros de la comunidad en la que vive no tendrá más remedio que
30 reconocer que la gran mayoría es gente pacífica, generosa y solidaria.

Una segunda generalización pesimista, igualmente descaminada, es la que afirma que la humanidad nunca ha vivido
35 en tan pésimas condiciones y el futuro se vislumbra aún peor. Todos conocemos personas para quienes las continuas y espectaculares mejoras experimentadas en mortalidad infantil, esperanza de vida,
40 educación, libertades individuales, derechos de las mujeres y de los niños no hacen la más mínima mella en su visión implacable del negro destino del género humano.
45 La tercera declaración pesimista sin base científica alguna es que la humanidad es irremediablemente desdichada. Esta idea se sustenta día a día de las desgracias y calamidades que arrojan continuamente
50 los medios de comunicación, y captan nuestra atención. En el fondo no podemos evitar sentirnos atraídos e incluso fascinados por las tragedias. Sin embargo, cientos de estudios internacionales
55 demuestran que, en circunstancias normales y en términos globales, los hombres y las mujeres se sienten razonablemente dichosos.

Luis Rojas Marcos
Adaptado de *La fuerza del optimismo*

Gráfico 1

La felicidad para toda la vida

http://conalternativa.blogspot.com

Comprensión de lectura y expresión e interacción orales

Gráfico 2

La pirámide de Maslow

Maslow estableció en su famosa pirámide las necesidades y aspiraciones que el ser humano debe superar para alcanzar la «autorrealización», que es el nivel de plena felicidad o armonía.

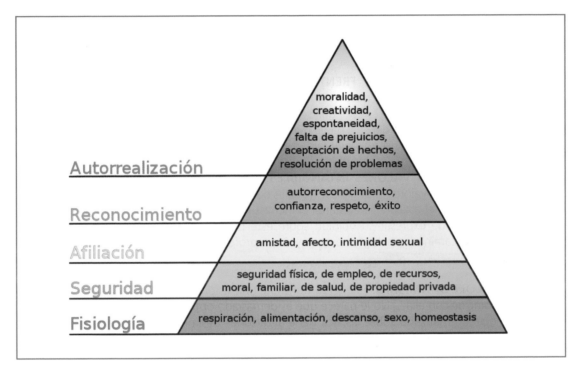

http://comunicacionparapymes.wordpress.com

En caso de que no se cumpla el tiempo mínimo de exposición (6 minutos), el entrevistador puede pedir al candidato que se extienda en algún punto o aspecto concreto que haya pasado por alto, antes de pasar a la siguiente tarea:

– *¿Podría señalar cuáles son los valores que proporcionan más satisfacción que el dinero, según el primer artículo?*

– *¿Puede concretar cuáles son los tres argumentos que aparecen en el segundo texto y que ofrecen una visión pesimista de las personas y de la humanidad, así como sus contraargumentos?*

– *¿Qué bienes materiales o placeres efímeros se mencionan en el primer gráfico?*

– *¿Puede precisar más los distintos estadios de la pirámide de Maslow y sus respectivos componentes?*

Preparación Diploma de Español (Nivel C2)

Comprensión de lectura y expresión e interacción orales

TAREA 2

CONVERSACIÓN SOBRE LA PRESENTACIÓN

En una conversación con el entrevistador sobre el tema de la tarea 1: La búsqueda de la felicidad, amplíe la información, defienda con argumentos su propio punto de vista y personalice los temas. Duración: de 5 a 6 minutos.

AMPLIACIÓN DEL TEMA

– **FELICIDAD INTERIOR BRUTA FRENTE A PRODUTO INTERIOR BRUTO.** ¿Comparte la opinión del artículo de que poseer muchos bienes materiales no garantiza la calidad de vida ni la satisfacción personal? ¿Cree que se puede ser feliz con menos? ¿Se podría establecer un límite económico a partir del cual nadie puede ser feliz? En caso afirmativo, ¿dónde estaría? ¿Piensa que se llegará a conseguir la igualdad de los seres humanos?

– **LA FELICIDAD Y LOS VALORES INTANGIBLES.** ¿Está de acuerdo con la idea de que la felicidad está ligada a valores intangibles? ¿Cuáles de ellos, en su opinión, son más importantes para alcanzarla? En el artículo se enmarca el bienestar personal dentro de un contexto social cooperativo. ¿Puede expresar su opinión sobre este punto? ¿Comparte la opinión de que las personas encaminadas a lograr dinero y éxito profesional obtienen menos satisfacción personal?

– **LA FUERZA DEL OPTIMISMO.** Este texto transmite una visión positiva de la vida y del ser humano. ¿Coincide con ella? ¿No le parece que es demasiado optimista y poco realista? ¿Puede dar una opinión matizada sobre las tres generalizaciones pesimistas que se presentan en el texto? ¿Podría hacer previsiones sobre el futuro hacia el que se encamina la humanidad?

– **LA FELICIDAD PARA TODA LA VIDA.** ¿Qué le parece la visión que ofrece el gráfico 1 sobre el tema de la felicidad? ¿Cree realmente que unas vacaciones, una boda, una herencia proporcionan un placer o una satisfacción tan efímeros como se señala en el gráfico? Hay muchas personas que consideran que la felicidad está en los placeres sencillos. ¿Qué piensa sobre ello? ¿Considera que amar lo que uno hace es algo fácil de conseguir? ¿Puede poner ejemplos? ¿Cree que se puede llegar a amar cualquier tipo de trabajo?

– **LA PIRÁMIDE DE MASLOW.** ¿Está de acuerdo con los diferentes estadios que ha establecido Maslow en su famosa pirámide? ¿Añadiría o suprimiría alguno? ¿Cree que cualquier persona necesita superarlos todos para conseguir la autorrealización? ¿Cree que se puede ser moderadamente feliz sin llegar a la cúspide de la pirámide? ¿Puede concretar y matizar su opinión?

PERSONALIZACIÓN DEL TEMA

– **OPINIÓN PERSONAL.** ¿Cuál es su opinión personal sobre el tema de la felicidad? ¿Tiene alguna experiencia o ejemplo donde se ponga de manifiesto su opinión? ¿Ha conocido a personas plenas y felices? ¿Cree que hay pueblos, ciudades, países, culturas donde su estilo de vida esté más orientado a conseguir la satisfacción personal? ¿Puede concretar? ¿Cree que la espiritualidad o la religión ayudan a conseguir la felicidad? ¿En qué sentido?

TAREA 3

Lea los siguientes titulares de prensa sobre dormir y la tradición de la siesta. Después inicie una conversación de tono informal con el entrevistador: ¿qué le parecen las opiniones reflejadas en estos titulares?, ¿está de acuerdo con alguna de ellas?, ¿por qué?

ABC.es | SOCIEDAD

La siesta, una tradición «made in Spain» que celebra este lunes su patrón

▸ Los expertos señalan que un sueño entre 20 y 30 minutos mejora la productividad laboral y la concentración

---

EL MUNDO.es | Salud

BELLEZA | Publicado en 'BMJ'

No dormir nos hace más feos

- Confirman esta creencia tras un análisis científico en Suecia
- La privación de sueño provoca que los demás nos vean menos sanos

EL PAÍS com Sociedad · Lunes, 26/12/2011, 18:47 h

ELPAIS.com > Sociedad

Dormir para 'vaciar' el hipocampo... y seguir aprendiendo

"Una noche en vela reduce la capacidad de asimilar conocimientos en casi un 40%", explica el científico Matthew Walker

MÓNICA SALOMONE · San Diego · 22/02/2010

VANGUARDIA

Dormir de más puede aumentar el riesgo de un infarto

vota: ☆☆☆☆☆ | Existen 0 votos ☆☆☆☆☆

👍 Recomendar | Sé el primero de tus amigos en recomendar esto.

Agencias
02 Agosto 2011

para ver su significado .di

Tags Relacionados: dormir, sueño, infarto, corazon, salud

Un informe norteamericano reveló que pasar más de nueve horas en la cama casi duplica las posibilidades de sufrir un accidente cardiovascular.

CIENCIA Y TECNOLOGÍA

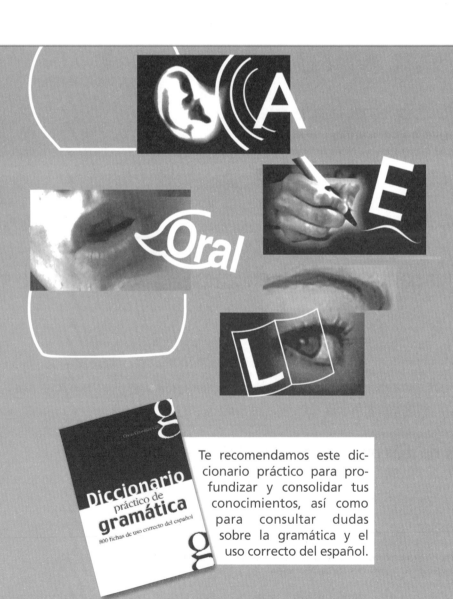

Te recomendamos este diccionario práctico para profundizar y consolidar tus conocimientos, así como para consultar dudas sobre la gramática y el uso correcto del español.

FICHA DE AYUDA
Para la expresión e interacción
escritas y orales

VOCABULARIO

BIOLOGÍA Y MEDICINA

Atención primaria (la) ....
Aurícula (la) ....
Biología molecular (la) ....
Celador/-a (el/la) ....
Célula madre (la) ....
Estadio embrionario (el) ....
Facultativo (el) ....
Flora intestinal (la) ....
Intervención quirúrgica (la) ....
Malformaciones congénitas (las) ....
Neurobiología (la) ....
Proceso patológico (el) ....
Tejido muscular (el) ....
Traumatología (la) ....
Ventrículo (el) ....

Verbos y expresiones:

Hacer una cura (de desintoxicación) ....
Secuenciar (el genoma) ....

INVESTIGACIÓN

Análisis pormenorizado (el) ....
  - fallido ....
Dogmático/a ....
Refutable ....

Verbos y expresiones:

A ciencia cierta ....
A todas luces ....
Albergar dudas ....
Alimentar dudas ....
Aplicar un principio ....
Aseverar ....
Atestiguar ....
Avalar ....
Corroborar ....
Cotejar ....
Dejar cabos sueltos ....
Desbarajuste (ser un) ....
Despejar una incógnita ....
Echar por tierra ....
En ciernes ....
En los albores de ....
Estar más claro que el agua ....
Irse por la tangente ....
No dar una ....
Patentar un invento ....
Ratificar ....
Rebatir una hipótesis ....
Ser un/una cabeza cuadrada ....
Sin atisbo de duda ....
Suscitar dudas ....
Tener la cabeza sobre los hombros ....

CIENCIA Y ASTRONOMÍA

Artilugio (el) ....
Astrofísica (la) ....
Calor residual (el) ....
Ciencia exacta (la) ....
  - experimental ....
Cinética (la) ....
Combustión (la) ....
Cristalización (la) ....
Energía mecánica (la) ....
Estrella mediana (la) ....
  - enana amarilla ....
  - gigante roja ....
Explosión termonuclear (la) ....
Física cuántica (la) ....
  - nuclear ....
Fusión (la) ....
Gases ardientes (los) ....
Geofísica (la) ....
Haz de neutrinos (el) ....
Heliobiología (la) ....
Nanosegundo (el) ....
Órbita (la) ....
Partícula (la) ....
Pipeta (la) ....
Pirita (la) ....
Polvo estelar (el) ....
Probeta (la) ....
Procedimiento (el) ....
Protuberancia solar (la) ....
Tubo de ensayo (el) ....

SALUD Y ENFERMEDADES

Antipirético (el) ....
Automedicación (la) ....
Dañino/a ....
Detección de una enfermedad (la) ....
Erradicación (la) ....
Etiología (la) ....
Inocuo/a ....
Nocivo/a ....
Principio activo (el) ....
Resistencia a medicamentos (la) ....
Supervisión médica (la) ....
Unidad de cuidados intensivos (la) (UCI) ....
Vía oral ....
  - intramuscular ....
  - intravenosa ....

Verbos y expresiones:

Contrarrestar los efectos de ....
Desencadenar una enfermedad ....
Enmascarar procesos ....
Prescribir ....

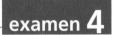

PRUEBA 1 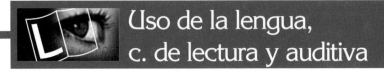 Uso de la lengua, c. de lectura y auditiva

105
min

Tiempo disponible para las 6 tareas.

TAREA 1

A continuación va a leer un texto. Complete los huecos, 1-12, con la opción correcta, a), b) o c).

Cuando nos _____**1**_____ en el ocular de un microscopio y vemos resplandecer, como anuncios luminosos, a las células nerviosas, las neuronas, es imposible no asombrarse ante su complejidad, diversidad y extraordinaria belleza. Belleza que cautivó a ese gran científico, escritor, pintor y pensador que fue don Santiago Ramón y Cajal. Hace más de un siglo, infirió correctamente la individualidad celular de las neuronas, que con sus _____**2**_____ tentáculos se comunican entre sí para establecer los circuitos que controlan el comportamiento animal, el alma misma de un ser humano. La pérdida progresiva de estos maravillosos semiconductores biológicos puede desarticular los frágiles circuitos neuronales y _____**3**_____ desequilibrios como los que observamos en enfermedades neurodegenerativas o psiquiátricas. La identificación de las neuronas como individuos celulares es solo el primer paso, en un camino muy _____**4**_____ arriba, para entender cómo se _____**5**_____, funciona o se deteriora este órgano que llevamos dentro de la cabeza.

Después de un siglo de trabajo intenso, estamos todavía en _____**6**_____ para entender cómo el cerebro es capaz de tanta maravilla. Me atrevería, sin embargo, a afirmar que nos encontramos en el _____**7**_____ de una verdadera revolución conceptual en la neurobiología.

La nueva información de los mecanismos de ensamblaje de los circuitos neuronales, estudios moleculares y los estudios funcionales integrales, como el trabajo de Rizzolatti y la identificación de las neuronas espejo, presagian una nueva etapa en la comprensión del cerebro.

Parte de este avance se da también al desechar puntos de vista dogmáticos. Se pensó, por muchos años, que era imposible reemplazar las células nerviosas. ¿Cómo en un circuito neuronal establecido, que guarda en sus _____**8**_____ memorias y códigos _____**9**_____ por la experiencia, se pueden reemplazar algunos de sus elementos por _____**10**_____ sin experiencia? Ya desde la época de Cajal el tema se convirtió en un campo de batalla.

Para que esto pudiera suceder eran necesarias células progenitoras que generaran neuronas jóvenes. Estas jovenzuelas además tenían que ser capaces de moverse dentro de la _____**11**_____ complicadísima que es el cerebro adulto, para llegar a su destino, donde de alguna manera, necesitarían conectarse a un circuito y contribuir a su función. Todo en un sistema nervioso armado y funcionando. Con estos impedimentos no es de _____**12**_____ que muchos estudiosos del sistema nervioso predicaran que el nacimiento de nuevas neuronas era simplemente imposible.

Como sucede con frecuencia, la biología nos demostró lo contrario. Todos estos procesos sorprendentes son posibles en un cerebro adulto.

Arturo Álvarez-Buylla

Fragmento del discurso Premio Príncipe de Asturias

1.	a) adentramos	b) asomamos	c) inmiscuimos
2.	a) boscosos	b) yermos	c) frondosos
3.	a) encadenar	b) desencadenar	c) estallar
4.	a) pendiente	b) ladera	c) cuesta
5.	a) ensambla	b) adhiere	c) entronca
6.	a) pañales	b) la inopia	c) el aire
7.	a) umbral	b) dintel	c) soportal
8.	a) interioridades	b) meollos	c) entrañas
9.	a) pulimentados	b) alisados	c) pulidos
10.	a) neófitos	b) novatos	c) noveles
11.	a) traba	b) maraña	c) patraña
12.	a) admirar	b) extrañar	c) sorprender

TAREA 2

A continuación va a leer un texto del que se han extraído seis párrafos. Después, lea los siete párrafos propuestos, a)-g), y decida en qué lugar del texto, 13-18, hay que colocar seis de ellos.
Cuidado, hay un párrafo que no tiene que elegir.

La invención de la imprenta

En el año 1455 un artesano llamado Johannes Gensfleisch zur Laden y recordado por el nombre de Johannes Gutenberg culminó la tarea de componer una Biblia por medio de un artilugio llamado «imprenta».

13. _____

Sin embargo, a pesar de lo poco que conocemos de su vida y de su obra, la impresión de su Biblia se considera un hecho fundamental de nuestra cultura, un invento primordial que separó nuestra historia en dos mitades, pero no porque el libro que se imprimiera fuese la Biblia, **14.** _____

Conviene recordar que nuestro héroe no inventó la máquina de imprimir, pues ya existían impresiones realizadas antes de 1455. **15.** _____

Tampoco fue Gutenberg el inventor del papel, soporte natural de su imprenta, ya que también fue una invención china que llegó a Europa a través de la cultura islámica. Tampoco, por tanto, es correcto atribuirle la invención de los tipos móviles, que generaron textos compuestos de letras separables que se diferenciaban de las impresiones de textos hechas como un todo grabado previamente en un soporte o bien de madera o bien de piedra. Como se puede observar, sí hay motivos para atenuar la originalidad de la innovación de Gutenberg.

16. _____

Gutenberg ofreció una solución para reproducir libros de forma eficaz, aprovechando toda la experiencia acumulada en las impresiones de dibujos y textos, pero innovando lo suficiente como para que su propuesta fuera algo nueva. En primer lugar, concibió la impresión como una composición de textos por letras, lo que se ha llamado desde entonces «impresión por tipos móviles de letra». **17.** _____

Sin duda, para ello le ayudó su formación de orfebre. Los moldes de las letras le permitieron disponer de una tipografía uniforme, que podía ajustar el texto en líneas bien definidas. Además la plancha de imprimir era lo suficientemente sólida como para poder obtener ejemplares de forma rápida y uniforme. Otra novedad que incluyó el método de trabajo de Gutenberg fue la tinta que empleó, más parecida a los pigmentos que usaban los pintores que a la disolución acuosa que utilizaban los que imprimían grabados en madera.

18. _____

El primer libro impreso con esta técnica, la Biblia ya mencionada, era un libro con la versión latina de la Vulgata, compuesto de páginas en las que el texto se ofrecía a doble columna de cuarenta y dos líneas en las que las letras estaban perfectamente alineadas.

Adaptado de Javier Ordóñez: Ideas e inventos de un milenio 900-1900

FRAGMENTOS

a)

En la época de Gutenberg ya se imprimían naipes, grabados, figuras e incluso nombres y, de hecho, se pueden rastrear impresiones en civilizaciones lejanas hasta llegar a la China del siglo VI, donde la cronología retrospectiva ha dado hojas impresas, y de centurias posteriores en una colección de impresiones de dibujos hechas por tipos móviles de madera.

b)

Sabemos poco de la vida del tan afamado protagonista, ni siquiera si las fechas de nacimiento o muerte, que por lo general se suelen situar en 1400 y 1467, son exactas.

c)

La novedad de la solución de Gutenberg respecto a todo lo que se ha mencionado anteriormente residió en que los caracteres que usó para la composición del texto (las letras y los signos ortográficos) estaban fundidos en metal y no grabados sobre madera.

d)

sino porque esta impresión pudo llevarse a cabo gracias a un instrumento que cambió radicalmente la forma de difundir y transmitir el conocimiento, y por ende, de concebirlo e incluso de formularlo y visualizarlo.

e)

La necesidad de satisfacer las peticiones de los nuevos lectores le exigía más celeridad y más cantidad al proceso de reproducción de textos religiosos, literarios, filosóficos antiguos y recientes; una reclamación que en absoluto era nueva.

f)

Y a pesar de todo, es imprescindible seguir hablando de nuestra civilización como la de la «Galaxia Gutenberg».

g)

Tipos metálicos móviles y tinta de nueva composición pueden parecer innovaciones menores y, sin embargo, fueron las modestas e ilustres responsables del inmenso éxito de la imprenta de Gutenberg.

Preparación Diploma de Español (Nivel C2)

TAREA 3

A continuación va a leer seis noticias de libros sobre ciencia y tecnología, a)-f), y ocho enunciados, 19-26. Marque a qué noticia corresponde cada enunciado.
Recuerde que hay textos que deben ser elegidos más de una vez.

a) *La misión Kepler localiza los primeros planetas de tamaño terrestre*

Los astrónomos siguen analizando los datos enviados por la misión Kepler de la NASA, dedicada a la detección de planetas extrasolares. La agencia acaba de anunciar que entre los candidatos examinados podrían estar ya los primeros planetas de tamaño terrestre, si bien situados en zonas aún no convenientes para ser habitables. Tras descubrir el primer candidato situado en una zona habitable (Kepler-22b), ahora se añaden planetas de tamaño terrestre. Su telescopio y sus sensores miden la luz procedente de unas 150 000 estrellas. Cada vez que se produce una disminución de la luz que arrojan, siendo esta periódica, se puede estimar que ha sido debida al paso de un planeta frente a su superficie. Para verificar que la señal se debe a un planeta (y no a un fenómeno de variabilidad de la estrella), se necesitan observar al menos tres tránsitos, lo que prolonga la tarea de confirmación.

Adaptado de noticiasdelaciencia.com

b) *Otra vía bioquímica para potenciar la longevidad*

Se ha conseguido modificar la longevidad de organismos unicelulares comunes (específicamente levaduras) mediante la estrategia de desactivar o restaurar funciones proteicas relacionadas con el envejecimiento de la levadura. Una variación química en una enzima que detecta la energía en la levadura actúa como reloj de longevidad. Está presente en organismos jóvenes y progresivamente disminuye a medida que aumenta la edad de las células de levadura. Un equipo de científicos de la Universidad Nacional de Taiwán, la Universidad Johns Hopkins, la de Chicago y el Instituto Wistar, en Estados Unidos, ha identificado un nuevo nivel de regulación de esta variante proteica, demostrando que cuando dicha variante es desactivada, la vida del organismo se acorta, y cuando se restablece, la vida se extiende de manera considerable.

Adaptado de noticiasdelaciencia.com

c) Science *nombra el tratamiento de prevención contra el VIH como el descubrimiento del año*

La revista *Science* ha elegido al revelador estudio de VIH (conocido como HPTN 052) como el descubrimiento científico más importante en 2011. Este ensayo clínico demostró que es un 96% menos probable que la gente contagiada con VIH transmita el virus a sus parejas si toman fármacos antirretrovirales (ARV por sus siglas en inglés).

Los hallazgos ponen fin a un debate de hace mucho tiempo sobre si los ARV podrían proveer un beneficio doble, al tratar al virus en pacientes individuales al tiempo que simultáneamente se reducían las tasas de transmisión. Ahora queda claro que los ARV pueden proporcionar tanto un tratamiento como una prevención cuando se trata de VIH, concuerdan los investigadores.

Adaptado de noticiasdelaciencia.com

d) *Aleación que transforma calor en electricidad de modo directo*

Se ha descubierto una nueva aleación que convierte el calor directamente en electricidad. El método de conversión de energía basado en este material está en las fases tempranas de su desarrollo, pero puede acabar teniendo un gran protagonismo en la generación de electricidad respetuosa para el medio ambiente, a partir de las fuentes de calor residual.

El material quizás pueda utilizarse para aprovechar parte del calor que se pierde por el tubo de escape de un automóvil. Los gases calientes expulsados calentarían al material y este produciría electricidad para ayudar a recargar la batería en un automóvil híbrido.

Otros posibles usos futuros incluyen la captura del calor residual de fábricas y centrales eléctricas, e incluso usar las diferencias de temperatura en el mar para generar electricidad. El equipo del ingeniero Richard James, de la Universidad de Minnesota, está ahora buscando la posible comercialización de esta tecnología.

Adaptado de noticiasdelaciencia.com

e) *El experimento OPERA confirma la medida de neutrinos más rápidos que la luz*

Los científicos de la colaboración OPERA han vuelto a confirmar desde el Laboratorio Nacional del Gran Sasso (Italia), con un haz de neutrinos establecido por el CERN, las mediciones que indican que estas partículas viajan más rápido que la luz. Las nuevas pruebas parecen excluir una parte de potenciales efectos sistemáticos que podrían haber afectado a la medida original. El tiempo transcurrido desde el seminario celebrado en el CERN el 23 de septiembre, donde la colaboración hizo públicos sus primeros resultados sobre la velocidad del neutrino, ha sido utilizado para comprobar los principales aspectos del análisis de datos y, sobre todo, para realizar nuevas pruebas con el haz de neutrinos establecido por el CERN.

Este nuevo haz se caracteriza por una mejor definición del momento de extracción de los protones que lo originan, al disponer de paquetes de partículas de unos 3 nanosegundos de duración separados por hasta 524 nanosegundos. De esta manera, en comparación con la anterior medición, los haces de neutrinos que detecta OPERA son más estrechos y espaciados entre sí.

Adaptado de noticiasdelaciencia.com

f) *Nuevos materiales eficaces y baratos para paneles solares*

La pirita fue de mucho interés en los albores de la era de la energía solar fotovoltaica porque tenía una enorme capacidad de absorber la energía del Sol. Sin embargo, perdió interés porque no permitía una conversión eficaz de energía solar a eléctrica.

En un nuevo estudio de la Universidad Estatal de Oregón se ha averiguado el motivo de esa deficiencia en la pirita. A estas altas temperaturas, la pirita empieza a descomponerse y forma productos que impiden la obtención de la electricidad.

Basándose en ese nuevo conocimiento, el equipo logró encontrar otras sustancias con las mismas capacidades de la pirita, pero que no se descomponen. Una de ellas es un material formado por hierro, silicio y azufre. Este y los demás nuevos compuestos, al contrario de lo que ocurre con algunos materiales para células solares hechos de elementos caros, podrían obtenerse a partir de algunos de los elementos más abundantes en La Tierra, con el resultado de un importante abaratamiento en los costos de producción de células solares.

Adaptado de noticiasdelaciencia.com

PREGUNTAS

19. El experimento científico del que da cuenta esta noticia está basado en el análisis de corrientes unidireccionales de determinadas partículas.

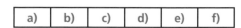

20. Según esta noticia, se está tanteando la distribución de un avance tecnológico de múltiples aplicaciones.

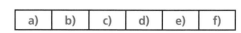

21. Esta noticia se basa en un experimento llevado a cabo con hongos.

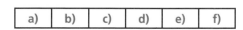

22. En esta noticia se habla de unos experimentos científicos cuyos resultados corroboran los ya existentes.

23. Esta noticia trata de un descubrimiento que, cuando se perfeccione, permitirá transformar de forma barata la energía solar en electricidad.

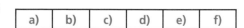

24. El descubrimiento objeto de esta noticia ha sido realizado por un equipo de investigadores de dos países.

25. En esta noticia se hace referencia a un descubrimiento científico que pone fin a una desavenencia sobre la cuestión.

26. La verificación de los resultados de la investigación a la que se refiere la noticia se dilata en el tiempo por las características propias de los objetos investigados.

a)	b)	c)	d)	e)	f)

Anote el tiempo que ha tardado:

Recuerde que solo dispone de **60 minutos**

TAREA 4

A continuación, va a escuchar un programa radiofónico sobre la influencia del Sol en La Tierra. Deberá elegir las cinco opciones que resumen la conferencia entre las doce que aparecen, a)-l). Escuchará la audición dos veces.

Dispone de un minuto y cuarto para leer las opciones.

OPCIONES

a) El Sol es un espectro amarillo G2 que está en el centro de los sistemas solares.

b) El Sol proporciona los elementos necesarios para que en La Tierra haya vida.

c) El calor del Sol tarda algo más de 8 minutos en llegar a La Tierra.

d) Dado que el Sol es la estrella más cercana a La Tierra se le han creado ritos y ceremonias.

e) La energía solar tardará en extinguirse unos 5000 millones de años.

f) Cuando el helio del Sol se transforme en hidrógeno, esta estrella morirá.

g) Las tormentas solares son cíclicas y provocan el llamado *viento solar.*

h) Los elementos químicos pesados del Sol hacen que haya cambios biológicos en La Tierra.

i) Los ataques de esquizofrenia y suicidios están provocados por las tormentas solares.

j) Muchas enfermedades propagadas entre la población a lo largo de los siglos han ocurrido al mismo tiempo que una gran actividad solar.

k) Los *heliobiólogos* son astrofísicos dedicados a estudiar el Sol.

l) Los microorganismos de las tormentas solares anticipan sus propios cambios de 4 a 6 días antes de las mismas.

Señale por orden las opciones elegidas.

27	28	29	30	31

Preparación Diploma de Español (Nivel C2)

CD II

Pista 2

TAREA 5

A continuación va a escuchar a dos personas que participan en un debate radiofónico sobre el tema de la teoría de la evolución de Darwin. Después deberá marcar qué ideas expresa el hombre (H), cuáles la mujer (M) y cuáles ninguno de los dos (N) entre las 15 frases que aparecen, 32-46. Escuchará la audición dos veces.

Dispone de un minuto para leer las frases.

OPCIONES

	H	M	N
32. Las clases de biología tienen grandes fallos.			
33. Las teorías de Darwin nacieron como apoyo al creacionismo tradicional, que hablaba de Dios como creador absoluto.			
34. En algunas universidades europeas se estudió científicamente la evolución, antes de que Darwin hablara de ello.			
35. En el s. XVIII ya había investigadores de la evolución de los seres vivos.			
36. La variabilidad en las diferentes generaciones hizo que Darwin se diera cuenta del desarrollo natural en la evolución.			
37. Hay ciertas ventajas hereditarias que influyen en la supervivencia diferencial.			
38. Darwin no estudió científicamente la evolución, sino ideológicamente.			
39. Buffon, Cuvier y Lamarck escribieron una teoría completa sobre la evolución.			
40. Un sacerdote descubrió un elemento químico fundamental.			
41. La biología ha contribuido a desarrollar las teorías de Darwin.			
42. El objetivo fundamental del darwinismo era justificar el colonialismo.			
43. Es inconcebible el hecho de que algunas personas consideren actualmente las teorías de Darwin como científicas.			
44. Lamarck y Darwin no sabían nada de la herencia desde el punto de vista científico.			
45. Los individuos más idóneos y hábiles de una sociedad prevalecen sobre los demás.			
46. Darwin se fijó fundamentalmente en la selección artificial de las especies, es decir, en las causas más que en los efectos.			

CD II

Pista 3

TAREA 6

A continuación va a escuchar una entrevista a una experta en Genética y Antropología Evolutiva. Después, seleccione la opción correcta, a), b) o c), para contestar a las preguntas, 47-52. Escuchará la entrevista dos veces.

Dispone de un minuto para leer las preguntas.

PREGUNTAS

47. La entrevistada dice que:
   a) El hombre moderno proviene del neandertal que salió de África hace 300 000 años.
   b) Los neandertales y el hombre moderno se mezclaron formando nuestro antepasado común.
   c) Todos los humanos actuales tenemos un 2,5% de genoma neandertal.

48. En esta entrevista escuchamos que:
   a) Nuestro ADN original se transmitió en Oriente Medio.
   b) Los cromosomas neandertales se han descubierto en trozos pequeños.
   c) Los neandertales se mezclaron con el hombre moderno.

49. Según esta experta:
   a) Se ha secuenciado el genoma humano a partir de tres pedacitos de hueso.
   b) Los neandertales eran caníbales.
   c) Moralmente no se puede clonar a una persona.

50. La doctora afirma que:
   a) Se están realizando experimentos de clonación de mamuts.
   b) Se podrían clonar animales de pelo largo y adaptados al frío.
   c) Los reducidos restos encontrados de algunos animales no permiten su clonación.

51. En la entrevista se cuenta que:
   a) El permafrost está degradado en pequeñas piezas de ADN.
   b) La habilidad de los hombres, entre otras cosas, hizo que conquistaran el mundo.
   c) Hace 50 000 años los neandertales viajaron de África a Europa.

52. La entrevistada informa de que:
   a) El hombre ha moderado la aspereza de carácter gracias a un proceso cultural.
   b) Está a punto de descubrirse el genoma del comportamiento neandertal.
   c) Los niños se autodomesticaron seleccionando la conducta menos violenta.

Anote el tiempo que ha tardado:

Recuerde que solo dispone de **105 minutos**

PRUEBA 2

Destrezas integradas: c. auditiva y de lectura y expresión e interacción escritas

150 min Tiempo disponible para las 3 tareas.

TAREA 1

Usted trabaja para un centro de salud. Le han pedido que haga un folleto informativo sobre las recomendaciones para el uso responsable de medicamentos. Para su elaboración usted dispone del audio de una entrevista radiofónica sobre el uso racional de medicamentos, un artículo divulgativo del Ministerio de Sanidad y Consumo sobre el mal uso de los antibióticos y otro artículo sobre el problema de la automedicación.

Va a escuchar la entrevista dos veces. Tome notas y utilice las tres fuentes proporcionadas, seleccionando la información que considere relevante. A continuación organícela y redacte el folleto.
Número de palabras: entre 400 y 450.

Audición 1   Uso racional de medicamentos: salud y concientización

CD II
Pista 4

TEXTO 1

USO DE LOS ANTIBIÓTICOS MINISTERIO DE SANIDAD Y CONSUMO

Tratar un proceso vírico respiratorio con un antibiótico carece de utilidad y somete al paciente a riesgos innecesarios (reacciones alérgicas y otros efectos adversos).
5 Además, el impacto ecológico sobre la flora respiratoria e intestinal es considerable, ya que el antibiótico eliminará la población mayoritariamente de bacterias sensibles y favorecerá el crecimiento de
10 la población bacteriana resistente y su posible diseminación posterior. Así pues la acción de los antibióticos puede afectar no solo al individuo que los toma sino también a su familia, a la comunidad y a
15 la sociedad en su conjunto.

Una vez adquiridas y diseminadas las resistencias, es difícil revertir el proceso, por lo que sin duda el procedimiento más eficaz para el control de las resistencias es la
20 prevención mediante las prácticas de uso responsable de los antibióticos.

Recuerda que las resistencias aumentan si:
- Se usan innecesariamente los antibióticos o se utilizan antibióticos de amplio
25 espectro cuando no están indicados.
- Se administran dosis insuficientes.
- Se suspende el tratamiento antes de cumplir el tiempo necesario, que es muy variable dependiendo del tipo de infec-
30 ción.

¿Sabías que...?
- España, junto con otros países del sur de Europa, es uno de los países europeos con mayor consumo de antibióti-
35 cos por habitante.
- En Atención Primaria el 22% de los pacientes son diagnosticados de una enfermedad infecciosa, y dos terceras partes reciben tratamiento antibiótico.
40 • El 90% de la prescripción de antibióticos se realiza en las consultas de Atención Primaria donde hasta un 36% de las prescripciones de antibióticos realizadas en AP se consideran inade-
45 cuadas.

- La mayoría de procesos patológicos pediátricos atendidos en Atención Primaria son de origen infeccioso y la etiología de estos procesos es mayo-
50 ritariamente viral y no susceptible por tanto de recibir tratamiento antibiótico.
- Entre las causas que favorecen el exceso de la prescripción antibiótica por parte de los pediatras y médicos de
55 Atención Primaria se encuentra la presión asistencial así como la presión ejercida por los padres y pacientes.
- Los niños son el grupo de la población más expuesto a recibir múltiples trata-
60 mientos con antibióticos. Algunas de las bacterias que causan infecciones pediátricas se encuentran entre las más resistentes a antibióticos.
- España se encuentra entre los países
65 con mayor automedicación con antibióticos.
- Las bacterias poseen mecanismos muy eficientes que les permiten desarrollar resistencias a la práctica totalidad de
70 antibióticos conocidos.

http://www.antibióticos.msc.es/

TEXTO 2

Automedicación

Los especialistas de la salud son enfáticos en recalcar el peligro que implica la automedicación, tan común en nuestra sociedad. El uso abusivo de los medicamentos es un problema serio y grave y su origen está en que no se realiza lo fundamental ante cualquier signo de enfermedad: el diagnóstico. Y el único que puede hacer esto es el médico: no los familiares, ni los amigos ni el farmacéutico.

Los factores más importantes de la automedicación podrían ser los siguientes:

1. Escasez de tiempo para acudir a la consulta médica en una sociedad actual dominada por las obligaciones laborales y domésticas.
2. Pérdida de la credibilidad sanitaria basada en el deterioro de la relación médico-paciente (se confía más hoy en día en el desarrollo tecnológico que en las «manos» de un doctor).
3. Procesos patológicos banales que por su carácter de cronicidad son poco valorados por el propio enfermo e interpretados por este como *automedicables* (resfriado común y gripe, cefaleas, trastornos gastrointestinales leves).
4. Contribución actual de los medios de comunicación y mala interpretación por parte de los pacientes de la cultura sanitaria aportada: hoy en día existe mucha información y «todo el mundo entiende de medicina».
5. Propagandas escritas o en la pantalla de medicamentos que muestran alivios inmediatos de síntomas, que en muchas ocasiones complican más la patología de base (tos seca nocturna y asma).

La lista de productos farmacológicos que con más frecuencia se utilizan habitualmente para la automedicación es amplia. Destacamos entre ellos los siguientes principios activos: antinflamatorios, analgésicos, antibióticos, ansiolíticos, antidiarreicos, mucolíticos o antitusivos.

Esta práctica tan extendida de la automedicación no está exenta de riesgo para la salud, circunstancia que en muchos casos es desconocida para los usuarios:

1. Mala utilización de los grupos farmacológicos: es habitual, por ejemplo, la utilización de la molécula paracetamol para procesos inflamatorios cuando su acción antiinflamatoria es nula.
2. Ofrecer mejoramientos mágicos en el cansancio con la toma de aspirina más cafeína, sin evaluar características, actividades, tiempo de descanso del individuo. Riesgo de desencadenar enfermedades gástricas.
3. El abuso de antibióticos genera los siguientes efectos. Eliminan no solo las bacterias dañinas, sino también las bacterias propias del organismo, que nos protegen. Los antibióticos no tienen ningún efecto positivo cuando la enfermedad es de origen viral.
4. Procesos de gravedad clínica que quedan enmascarados por la administración de productos «populares» sin control médico. Se utilizan cada vez más como inhibidores de la secreción gástrica los fármacos tipo omeprazol para tratar episodios de ardor gástrico o pirosis a nivel doméstico, ocultando la expresividad clínica y sintomática de lesiones pretumorales del tubo digestivo.
5. Tranquilizantes y productos ansiolíticos que administrados sin supervisión médica producen bajo rendimiento intelectual y deterioro de la capacidad de atención.

www.crecerjuntos.com.ar

ELABORAR UN FOLLETO INFORMATIVO

– Un folleto es un pequeño documento diseñado para ser entregado en mano, o por correo.

– Impreso en varias hojas, sirve como instrumento divulgativo o publicitario.

– Contiene material promocional o información sobre un producto.

– Es un componente clásico de los elementos de promoción en los envíos de publicidad directa.

– En *marketing*, el folleto es una forma sencilla de dar publicidad a una compañía, producto o servicio.

Partes del folleto

Todo folleto suele presentar:
- Titular de tapa
- Titulares internos
- Texto
- Logotipo de cierre

Los titulares internos se hacen imprescindibles cuando el texto es abundante y resulta imperativo ir agrupando los datos.

Las funciones de las demás partes son similares a las del aviso publicitario, aunque con un mayor caudal de argumentos para el lector.

Organización de la información

Presentar la información en secciones no solo facilita la lectura del folleto, sino que simplifica el trabajo del redactor, que puede de esa manera organizar mejor todo el material del que dispone.

Es adecuado que esa división vaya:
1. Desde lo más sencillo hacia lo más complejo.
2. Desde lo conocido hacia lo desconocido.
3. Desde lo central hacia lo accesorio.
4. Desde el pasado hacia el presente, o desde el presente hacia el futuro.

También, los datos pueden ordenarse jerárquicamente a partir de estas preguntas acerca del producto o servicio:
- ¿Qué es?
- ¿Para quién es?
- ¿Para qué sirve?
- ¿Qué aspectos lo caracterizan o diferencian?
- ¿Cuánto cuesta?
- ¿Dónde se consigue?
- ¿Quién está utilizándolo?
- ¿Dónde se puede obtener más información?

Características de un folleto:
- El lenguaje será llamativo para conectar bien con el lector.
- Debe ser claro y preciso, con frases cortas.
- Se suelen utilizar tecnicismos (palabras propias del área temática).
- Se suelen utilizar dibujos o esquemas para facilitar la comprensión del mensaje.
- Se suele utilizar el imperativo para que cale el mensaje.

Adaptado de http://my.opera.com, http://www.eumed.net, http://es.answers.yahoo.com

TAREA 2

Usted trabaja en la elaboración de una página web relacionada con cardiología. Para documentarse ha entrevistado a Gonzalo Pizarro, cardiólogo de la Clínica Quirón de Madrid, y le ha preguntado qué es el corazón y cómo funciona. Usted ahora debe redactar el artículo utilizando todos los recursos que considere necesarios. Para ello dele una estructura coherente, corrija la puntuación y los posibles errores gramaticales, seleccione un léxico más preciso y elimine los rasgos característicos del lenguaje oral.

Número de palabras: entre 150 y 200.

Cuando pierde el ritmo nuestro corazón

Bueno, el corazón eh…es muy parecido a una máquina, de hecho es una máquina… muy sencillamente diríamos que tiene cuatro habitaciones, cuatro zonas, ¿eh? que son dos aurículas y dos ventrículos. La parte importante de la máquina son los ventrículos, es la bomba, es, eh… la parte que expulsa la sangre y que en… consigue que esa sangre que le llegue al corazón, llega a todas partes del organismo. El ventrículo izquierdo expulsa la sangre hacia el cerebro, el riñón, el híga-do, todos los órganos y el ventrículo derecho expulsa la sangre hacia los pulmones. Como toda máquina es una máquina que funciona 100 000 veces al día toda la vida, con lo cual es una máquina casi perfecta, millones y millones de veces funcionando y no se estropea, bueno, ya cuando es muy mayor, como todas las máquinas, acaba estropeándose un poquillo, ¿no? Es una máquina que tiene una parte eléctrica y una parte mecánica. Funciona gracias a un mecanismo eléctrico y el funcionamiento obviamente es mecánico porque… eh… la función del corazón es expulsar sangre, es bombear sangre. Tiene otras funciones: funciones hormonales… pero básicamente la más importante es la de servir de motor a todo el cuerpo, servir de bomba de la sangre para que llegue sangre a todo el organismo y con la sangre llega obviamente el oxígeno y gracias a eso pues nuestras células viven.
(sic)

Gonzalo Pizarro
http://cienciaes.com

Preparación Diploma de Español (Nivel C2)

TAREA 3

Usted ha leído un informe en el que se compara la situación de la ciencia y la innovación en España con la media de los 30 países del mundo integrantes de la OCDE (Organización para la Cooperación y el Desarrollo Económicos).

A partir del siguiente gráfico, redacte una carta al director de un periódico de difusión nacional, en la que exponga los datos más relevantes sobre el estado de la ciencia y la innovación en España en comparación con otros países y donde exprese sus sugerencias sobre las medidas que se deberían tomar para mejorar la situación.

Número de palabras: entre 200 y 250.

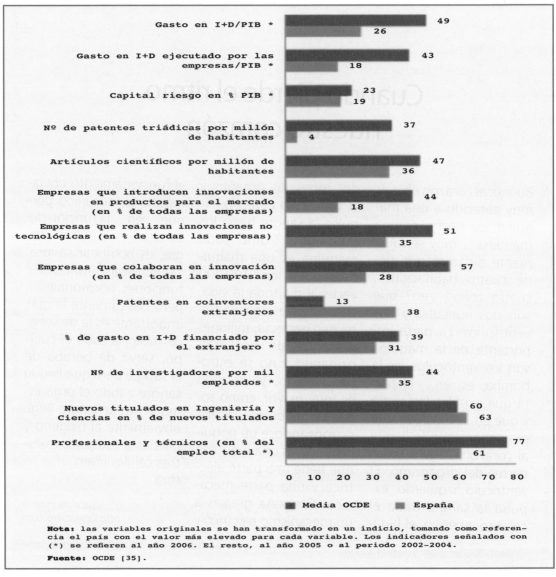

Nota: las variables originales se han transformado en un indicio, tomando como referencia el país con el valor más elevado para cada variable. Los indicadores señalados con (*) se refieren al año 2006. El resto, al año 2005 o al periodo 2002-2004.

Fuente: OCDE [35].

I+D: Investigación y desarrollo; PIB: Producto interior bruto.

www.investigacion.cchs.csic.es

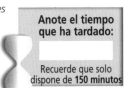

Anote el tiempo que ha tardado:

Recuerde que solo dispone de **150 minutos**

PRUEBA 3

Destrezas integradas: c. de lectura y expresión e interacción orales

20 min
Tiempo disponible para las 3 tareas.

30 min
Tiempo disponible para la preparación de la intervención oral.

TAREA 1

LA CIENCIA Y LA TECNOLOGÍA EN LA EDUCACIÓN

Estamos en una época en la que los avances y descubrimientos científicos y tecnológicos en todos los campos del saber están revolucionando nuestro mundo y nuestro modo de vida. Sin embargo, el desarrollo y alcance de la ciencia no llega por igual a todos los países ni a todas las personas. Una educación científica adecuada y bien enfocada podría ayudar a mejorar la vida de los seres humanos.

Prepare una presentación de 6-8 minutos sobre La ciencia y la tecnología en la educación, *en la que explique al entrevistador:*

- cuál es la situación de los estudios científicos y tecnológicos en España en los siguientes aspectos: porcentaje de estudiantes en bachillerato y universidad; comparación entre el número de hombres y de mujeres en los diferentes tipos de estudio; resultados comparativos respecto a otros países;

- la enseñanza de las letras frente a la enseñanza de las ciencias: tendencia a la clasificación de los alumnos, a los estereotipos y prejuicios;

- desinterés actual por los estudios científicos y tecnológicos y problemas frecuentes en la enseñanza de la ciencia y la tecnología.

Para preparar su intervención cuenta con los siguientes materiales de apoyo. Utilícelos todos, seleccionando de cada uno de ellos la información que considere oportuna:

- Gráfico 1. *Situación de la educación de la ciencia y de la tecnología en España*

- Gráfico 2. *Ciencia con humor*

- Texto 1. *Ciencias frente a letras*

- Texto 2. *Los jóvenes no siguen el paso de la sociedad de la información*

Gráfico 1

A)

Enseñanzas

Distribución porcentual del alumnado de Bachillerato según modalidad cursada por sexo. Curso 2008-2009

	Total	Hombres	Mujeres
Humanidades y Ciencias Sociales	50,1	42,8	56,2
Ciencias y Tecnología	45,4	53,5	38,6
Artes	4,0	3,1	4,7
No distribuido por modalidad	0,6	0,6	0,5

B)

Pruebas de acceso a la universidad. Año 2009
Aprobados por opción y sexo

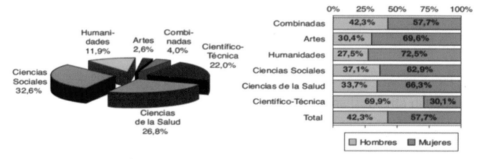

Por opción

Humanidades 11,9%
Artes 2,6%
Combinadas 4,0%
Científico-Técnica 22,0%
Ciencias Sociales 32,6%
Ciencias de la Salud 26,8%

Por sexo

	Hombres	Mujeres
Combinadas	42,3%	57,7%
Artes	30,4%	69,6%
Humanidades	27,5%	72,5%
Ciencias Sociales	37,1%	62,9%
Ciencias de la Salud	33,7%	66,3%
Científico-Técnica	69,9%	30,1%
Total	42,3%	57,7%

http://www.educacion.gob.es

C)

Figura 5.16 Evolución del porcentaje de alumnos en los niveles 5 y 6 de rendimiento en competencia científica

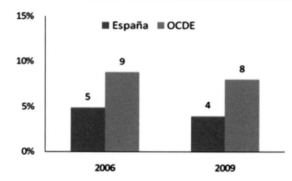

(España: 2006 = 5, 2009 = 4; OCDE: 2006 = 9, 2009 = 8)

Fuente: OECD PISA 2009 database, Vol. V, Table V.3.5.
Elaboración: Instituto de Evaluación.

http://www.waece.org

Gráfico 2

Ciencia con humor

En nuestra selección de artículos aparecen la magia, la ciencia ficción, los tebeos, los dibujos animados, los chistes que pueden acompañar la ciencia para ayudar a aprenderla. Estos elementos de humor podrían ser útiles para ayudar al debate y al análisis de cuestiones didácticas muy actuales.

Cuando utilizamos situaciones de la vida real o vida cotidiana, ¿estamos seguros de que son las que interesan a nuestros alumnos, o las que creemos nosotros que les van a interesar?

Y cuando se realiza una salida de campo, ¿no se aprovecha a veces para empezar o acabar con una lección magistral sobre lo que se debería observar, estudiar o aprender, más que para relacionar el aprendizaje con lo que los alumnos tienen a su alrededor?

En las aulas ha calado el constructivismo, el aprendizaje a partir de lo que ya se piensa, llámese esto ideas previas, concepciones alternativas o ciencia de los alumnos, pero parece que este conocimiento se ha quedado en el aula y no se ha utilizado para lograr un aprendizaje significativo.

Enseñar a resolver los problemas en las clases de ciencias es una tarea de la que no se libra ningún profesor. Aparecen estrategias muy diversas, pero en la realidad del aula ¿qué están aprendiendo?

Adaptado de http://guix.grao.com

Texto 1

Ciencias frente a letras; Ciencias o letras; o mejor... CIENCIAS Y LETRAS

El alumno de letras es sociable simpático y abierto, pero vago, incapaz, despreocupado e indeciso. El de ciencias es inteligente, serio y responsable, pero individualista, insociable, aburrido y materialista. Así opinan de sí mismos y de sus compañeros 36 alumnos madrileños de entre 14 y 18 años que fueron reunidos para hablar de la elección de estudios que han hecho o la que están a punto de hacer. Se trata de parte de una investigación cualitativa dirigida entre 2003 y 2007 por la profesora de Sociología de la UNED Mercedes López Sáez, en la que los chavales reproducen el estereotipo clásico: los vagos, a letras; los empollones, a ciencias.

Una imagen que afecta, por supuesto, al género: el chico que elija Humanidades perderá características masculinas a ojos de los demás y se le tachará de incompetente. 5 Igualmente, la chica que elija la rama de Tecnología perderá para sus compañeros características típicamente femeninas de sociabilidad, señala el estudio, titulado *Diferencias en elecciones de modalidades de bachillerato* 10 *entre chicas y chicos*.

Los estereotipos conllevan simplificación y generalización. Son injustos y muchas veces son feroces guardianes de lastres sociales, pero acaban impregnando la realidad de 15 manera que resulta difícil diferenciar: ¿Es el estereotipo el que provoca una situación o se trata de una realidad, simplemente, generalizada?

La dicotomía letras-ciencias es un clásico. 20 Los propios profesores, en otra parte del estudio en el que se entrevistó a 11 docentes madrileños, lo constatan: «Estoy convencida, no es que sea tópico», dijo una docente de ciencias. «Los inteligentes hacen Tecno- 25 logía y los no inteligentes hacen Humanidades. Esta es la batalla de los de letras, pero que está potenciada por los profesores... los de Química, Matemáticas y Biología por lo menos», dijo otra de letras.

30 ¿Son intrínsecamente más difíciles las ciencias? Se habla de la dificultad de unas materias más abstractas, que requieren «un mayor esfuerzo por parte de los alumnos», decía el profesor de Química Ángel Zamoro hace 35 unos meses a este periódico. La estadística dice que los alumnos de Ciencias de la Naturaleza y la Salud y Tecnología repiten menos en 2.º de bachillerato (el 22,9% y 28,9%, respectivamente) que los de Sociales y Huma- 40 nidades (29,6%), y mucho menos que los de Artes (45,5%).

La enseñanza de las materias de ciencias depende, como cualquier otra, del profesor, aseguraba Esther Tobarra, premio extraor- 45 dinario de bachillerato por sus notas en esta rama. De hecho, la didáctica de las Ciencias, en general, y de las Matemáticas, en particular, lleva años en el punto de mira. Expertos internacionales como el británico Jonathan 50 Osborne no se cansan de reclamar el destierro de las pizarras llenas de fórmulas interminables y las verdades rígidas e incuestionables, para sustituirlas por el debate, la discusión y la práctica.

Adaptado de
http://halito-de-aura.blogspot.com

Texto 2

Los jóvenes no siguen el paso de la sociedad de la información

Europa y Estados Unidos acumularán déficit de ingenieros, particularmente informáticos, en las próximas décadas

La sociedad de la información y del conocimiento no para de crecer, pero su ritmo no es seguido por la sociedad: no solo persiste un creciente desinterés juvenil por las carreras científicas y técnicas, sino que cada año desciende el número de matriculaciones universitarias. Solo el 8% de los jóvenes españoles eligen para estudiar carreras científicas y el 14% opta por carreras técnicas. Pero la realidad es que en la Europa de 2020 el 35% de los puestos de trabajo requerirá una cualificación de alto nivel: solo en TIC, el déficit de ingenieros puede alcanzar los 670 000 en cuatro años. Estados Unidos necesitará 500 000 ingenieros en 2020, pero ya ha tomado medidas con resultados alentadores.

En general puede decirse que continúa el descenso de matriculaciones en carreras científicas y técnicas, un fenómeno que no es exclusivo de España y que preocupa a Europa y Estados Unidos.
Según se explica en este informe, esta situación es el resultado de una reacción en cadena: en primer lugar, el desinterés de los estudiantes por estas disciplinas. En segundo lugar, de los pocos estudiantes que optan por estas carreras, solo una pequeña parte se dedica a la enseñanza. Por último, muchos profesores de estas materias abandonan la docencia después de pocos años de magisterio.
La raíz del problema se remonta, según este informe, a que el desinterés de los alumnos por las Matemáticas y las Ciencias se origina desde la enseñanza primaria, por lo que se han puesto en marcha las más diversas iniciativas para atraer el interés de los niños hacia estas materias desde los primeros años de su formación.

Adaptado de http://www.tendencias21.net

En caso de que no se cumpla el tiempo mínimo de exposición (6 minutos), el entrevistador puede pedir al candidato que se extienda en algún punto o aspecto concreto que haya pasado por alto, antes de pasar a la siguiente tarea:

– ¿Puede precisar las diferencias que hay entre hombres y mujeres en la selección de estudios científicos, humanísticos y sociales?

– ¿Podría señalar alguna otra cuestión didáctica que haya que plantearse en las clases de ciencias?

– ¿Puede concretar qué prejuicios y estereotipos se suelen asociar a los estudiantes de ciencias y de letras?

– ¿Por qué motivos está descendiendo el número de estudiantes de carreras de ciencias en algunos países?

TAREA 2

CONVERSACIÓN SOBRE LA PRESENTACIÓN

En una conversación con el entrevistador sobre el tema de la tarea 1: La ciencia y la tecnología en la educación, *amplíe la información, defienda con argumentos su propio punto de vista y personalice los temas. Duración: de 5 a 6 minutos.*

AMPLIACIÓN DEL TEMA

– **ESTUDIOS EN EL BACHILLERATO Y EN LA UNIVERSIDAD.** ¿Le parece que está bien equilibrado el número de estudiantes de ciencias y de letras o humanidades que se ve en el gráfico 1? ¿Piensa que sería preferible otra proporción? ¿Cree que es acertado tener que elegir entre distintos tipos de bachillerato a los 16 o 17 años? ¿Se hace lo mismo en su país?

– **DIFERENCIAS ENTRE EL HOMBRE Y LA MUJER EN LA ELECCIÓN DE ESTUDIOS.** ¿Cuáles son las razones por las que, según su opinión, las mujeres eligen mayoritariamente carreras de Artes, Ciencias Sociales y Humanidades? ¿Por qué cree que hay tanta desproporción entre hombres y mujeres en los estudios de ciencias de la salud y los científico-tecnológicos, si ambos son estudios científicos? ¿Ocurre lo mismo en su país? ¿Qué opina sobre la idea de que el cerebro del hombre está más capacitado para las áreas de ciencias y que el de la mujer lo está para las verbales y sociales?

– **LAS CIENCIAS FRENTE A LAS LETRAS.** ¿Qué piensa sobre estas opiniones que aparecen en el primer artículo: «el alumno de letras es sociable simpático y abierto, pero vago, incapaz…» o «el de ciencias es inteligente…, pero individualista, insociable, aburrido y materialista» o «los inteligentes hacen Tecnología y los no inteligentes hacen Humanidades»? ¿Puede argumentar su opinión al respecto?

– **LOS PROBLEMAS DE LA ENSEÑANZA DE LAS CIENCIAS.** ¿Está de acuerdo con los argumentos del gráfico 2 y del texto 2 sobre este asunto? ¿Puede precisar su respuesta? ¿Cree realmente que el desinterés de los jóvenes de Europa y Estados Unidos hacia los estudios científicos se debe a fallos en la enseñanza? ¿Y no será que no eligen estos estudios porque les supone mayor esfuerzo y disciplina? ¿Puede expresar su opinión sobre este tema? ¿Qué medidas tomaría para fomentar los estudios científicos?

PERSONALIZACIÓN DEL TEMA

– **OPINIÓN PERSONAL.** ¿Cuál es su opinión sobre el tema de la ciencia y la tecnología en la educación? ¿Tiene alguna experiencia o ejemplo donde se ponga de manifiesto su punto de vista? La ciencia muchas veces se enfrenta a dilemas éticos y sociales. ¿Cree que los científicos suelen recibir una formación humanística que les capacita para enfrentarse a ellos?

– **EL PASADO Y EL FUTURO DE LA CIENCIA.** ¿Cuáles son los descubrimientos de la historia más importantes para usted? ¿Cómo sería su vida si no se hubieran llevado a cabo? ¿Cuáles cree que serán los próximos avances científicos relevantes para la humanidad? ¿Y, personalmente, que le gustaría que se descubriera pronto? ¿Por qué?

TAREA 3

Lea los siguientes titulares de prensa sobre avances científicos e inventos. Después inicie una conversación de tono informal con el entrevistador: ¿qué le parecen las opiniones reflejadas en estos titulares?, ¿está de acuerdo con alguna de ellas?, ¿por qué?

20minutos.es   Portada   Nacional   Internacional   Economía   Tu ciudad   Deportes   Tecnología & Internet   Artes   Gente y TV   Comunidad20

Inventos y descubrimientos científicos más sorprendentes del año

Cuanto más descubrimos, más evidente es lo poco que sabemos. Te lo digo yo, que lo único que sé es que Sócrates no sabía nada. Por ejemplo, que la Luna es líquida por dentro, o que los perros entienden mil palabras... Al saber eso, sabemos instantáneamente que hay detrás de eso mucho más que no sabemos.

"Cada día sabemos más y entendemos menos" - Einstein

▬ ▬ ▬ ▬ ▬ ▬ ▬

EL PAÍS com | **Sociedad**   Lunes, 26/12/2011, 21:07 h   EL PAÍS en

Inicio Internacional Política España Deportes Economía Tecnología Cultura Gente y TV **Sociedad** Opinión Blogs SModa In English

Educación | Salud | Ciencia | El Viajero | El País semanal | Domingo

ELPAIS.com > Sociedad

La célula sintética: un avance científico poderoso e imprevisible

Los bioéticos saludan en general las posibilidades que abre la técnica, pero niegan que suponga la creación de "vida artificial".- El Vaticano se ha puesto "en guardia contra un salto a lo desconocido"

JAVIER SAMPEDRO - Madrid - 21/05/2010

▬ ▬ ▬ ▬ ▬ ▬

ABC.es | **MEDIOS Y REDES**   Ir a abcdesevilla.es

ACTUALIDAD OPINIÓN DEPORTES CULTURA GENTE / ESTILO TV MULTIMEDIA BLOGS SALUD HEMEROTECA SERVICIOS

España Lotería Navidad Internacional Economía Sociedad Madrid Local▾ Ciencia Tecnología **Medios** ABC Punto Radio   Buscar   **Buscar ►**

MEDIOS Y REDES

Diez inventos españoles que pasaron a la historia

▸ Muchos objetos y aparatos de uso común en todo el mundo han sido creados en España: el arcabuz, el submarino, el autogiro, la fregona, el futbolín y muchos más.

▬ ▬ ▬ ▬ ▬ ▬

XLSemanal _____ Número: 1248
Del 26 de septiembre al 2 de octubre

Ver otros números

FIRMAS   MAGAZINE   CONOCER   ELLA & ÉL

CONOCER **TECNOLOGÍA** _____

¿Ciencia o ficción?

La frontera entre la ciencia y la ficción es cada vez más difusa. Eso opina el popular divulgador científico Michio Kaku, físico especializado en teoría de cuerdas y autor de Física de lo imposible (Debate, 2009).

Parecían sueños de la gran pantalla, avances científicos imposibles en el mundo real. Sin embargo, muchas de las fantasías de Kubrick, Lucas o Spielberg, como en su tiempo las de Da Vinci o Julio Verne, se han hecho realidad. Vea si no...

Preparación Diploma de Español (Nivel C2)

ECONOMÍA

Y

DESARROLLO

Te recomendamos este diccionario práctico para profundizar y consolidar tus conocimientos, así como para consultar dudas sobre la gramática y el uso correcto del español.

VOCABULARIO

FICHA DE AYUDA
Para la expresión e interacción
escritas y orales

MUNDO DEL TRABAJO

Absentismo laboral (el) ....
Condiciones infrahumanas (las) ....
Contrato indefinido (el) ....
  - de interinidad ....
  - de duración determinada ....
  - por obra y servicio ....
Curro (el) ....
Dimisión (la) ....
Pyme (Pequeña y mediana empresa) ....
Salario mínimo interprofesional (el) ....
Trabajo ímprobo (el) ....
  - gratificante ....
  - precario ....

Verbos y expresiones:
Afiliarse a un sindicato ....
Arrimar el hombro ....
Cobrar un sueldo ....
  - una minuta ....
Congelar el salario ....
Currar ....
Dar el callo ....
Desempeñar un puesto ....
Ejercer una profesión ....
Escurrir el bulto ....
Estar mano sobre mano ....
Hacer un negocio redondo ....
No dar palo al agua ....
Percibir un sueldo ....
Recortar el sueldo ....
Rescindir un contrato ....
Ser emprendedor ....
Ser un trepa ....
Sudar tinta ....
Tocarse las narices ....
Trabajar a destajo ....
  - codo con codo ....
  - contrarreloj ....
  - de sol a sol ....
  - por amor al arte ....
  - por cuenta ajena ....
  - por cuenta propia ....
Vencer (un contrato) ....
Volcarse en un trabajo ....

EMPLEO/DESEMPLEO

Cese laboral (el) ....
Desempleo (el) ....
Despido (im)procedente (el) ....
INEM (Instituto Nacional de Empleo) ....
Verbos y expresiones:
Darse de alta en el INEM ....

Firmar el finiquito ....
Obtener una plaza ....
Sacar(se) unas oposiciones ....
Solicitar el subsidio de desempleo ....
Tener enchufe ....

ECONOMÍA, DESARROLLO Y COMERCIO

Acreedor (el) ....
Actividad sin ánimo de lucro (la) ....
Chanchullo (el) ....
Deslocalización industrial (la) ....
Deuda soberana (la) ....
Estafa (la) ....
Fraude (el) ....
Impuesto de sociedades (el) ....
Microcrédito (el) ....
Microfinanzas (las) ....
Moroso (el) ....
Renta per cápita (la) ....
Trapicheo (el) ....
Verbos y expresiones:
Afrontar una deuda ....
Erradicar la pobreza ....
Especular ....
Poner una demanda ....
Saldar una deuda ....
Tomar medidas drásticas ....

SERVICIOS FINANCIEROS Y RENTA

Agencia Tributaria (la) ....
Beneficios fiscales (los) ....
Economía sumergida (la) ....
Entidad financiera (la) ....
Época de vacas gordas (la) ....
  - de vacas flacas ....
IRPF (Impuesto Renta Personas Físicas) ....
IVA (Impuesto Valor Añadido) ....
Malversación de fondos (la) ....
Mercado de divisas (el) ....
Paraíso fiscal (el) ....
Verbos y expresiones:
Abonar un pago ....
Apretarse el cinturón ....
Blanquear dinero ....
Declararse en bancarrota ....
Denegar un préstamo ....
Despilfarrar ....
Embargar unos bienes ....
Estar en quiebra ....
  - en suspensión de pagos ....
  - sin blanca ....
Invertir ....
Solicitar un préstamo ....

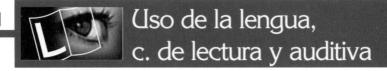
105 min

Tiempo disponible para las 6 tareas.

TAREA 1

A continuación va a leer un texto. Complete los huecos, 1-12, con la opción correcta, a), b) o c).

SE ROMPE EL SACO

Sin duda _____1_____ la cuestión palpitante ahora en nuestro mundo es la crisis. En los hogares y en las empresas se sufren las consecuencias; en los parlamentos, en los medios y en las_____2_____ se analizan sus efectos y, sobre todo, sus causas. Pero la explicación clara y definitiva nos la ofrece la sabiduría tradicional: LA AVARICIA ROMPE EL SACO. Pese a no ser sinónimos, hoy la palabra *codicia* se asocia inevitablemente con la palabra *crisis*.

La crisis, por supuesto, es la financiera. Hay otras, algunas tan graves como la alimentaria o la climática, pero la financiera las eclipsa. Prueba de ello es la conferencia mundial de la FAO: no consiguió reunir ni siquiera veinte mil millones para _____3_____el hambre de los países pobres mientras que para_____4_____ los disparates y _____5_____ de la gente rica han salido cientos de miles de millones (y todavía siguen saliendo) de los paraísos fiscales, las cajas secretas, las hábiles contabilidades y otros ardides de la ingeniería financiera. Los banqueros aparecen como «los malos de la película», pero se olvida que no operan en el vacío, sino dentro de un sistema y en estrecha interdependencia con él, lo mismo que el corazón en el cuerpo humano. Los banqueros se han excedido, sin poder evitarlo, porque el sistema es codicioso por _____6_____. Esta crisis no es una enfermedad en un cuerpo sano y robusto, sino al revés: toda la estructura de ese cuerpo social está _____7_____. La crisis no es una fiebre juvenil sino una deficiencia senil.

No es que el capitalismo sea malo, sino que está _____8_____ y se revela incapaz ante un mundo diferente del que le hizo nacer. En sus comienzos, hace cinco siglos, su codicia radical le _____9_____ a descubrir océanos, colonizar continentes, _____10_____ un humanismo frente a oscuridades teológicas, sembrar ideas con la imprenta y fomentar el pensamiento y la riqueza: el sistema de vida occidental _____**11**_____ con el dominio del mundo. Pero esa misma codicia ha _____**12**_____ la prosperidad con su exageración permanente, convirtiéndose hoy en la avaricia del anciano que se abraza a su bolsa llena con temor de perderla, pero todavía ansioso de aumentar el botín.

Adaptado de José Luis Sampedro

Fragmento de www.clubcultura.com

1.	**a)** alguna	**b)** ninguna	**c)** cualquiera
2.	**a)** tertulias	**b)** parrafadas	**c)** peroratas
3.	**a)** colmar	**b)** amainar	**c)** aplacar
4.	**a)** desdecir	**b)** enmendar	**c)** restañar
5.	**a)** mojigaterías	**b)** infundios	**c)** estafas
6.	**a)** natura	**b)** naturaleza	**c)** natural
7.	**a)** desquiciada	**b)** descabellada	**c)** desdeñada
8.	**a)** agonizado	**b)** denodado	**c)** agotado
9.	**a)** meció	**b)** concitó	**c)** impulsó
10.	**a)** alentar	**b)** conminar	**c)** atosigar
11.	**a)** se fue	**b)** se hizo	**c)** se vino
12.	**a)** apuntalado	**b)** socavado	**c)** ahondado

TAREA 2

A continuación va a leer un texto del que se han extraído seis párrafos. Después, lea los siete párrafos propuestos, a)-g), y decida en qué lugar del texto, 13-18, hay que colocar seis de ellos. Cuidado, hay un párrafo que no tiene que elegir.

Economía y literatura

La economía y la literatura mantienen tendidos más cabos de lo que, a veces, se piensa, y anudados de muy diversas formas. **13.** _____ en poesía, Jovellanos, un inspirado prerromántico, como destacó Guillermo Carnero, o en nuestros días, José Antonio Muñoz Rojas.

Por otra parte, la literatura ofrece descripciones -a veces, inmejorables- de fenómenos económicos. La novela del XIX parece ser la más propicia a esta función. Así, Dickens, cuando refleja la pobreza urbana de la Inglaterra industrial y victoriana en *Oliver Twist*, según muestra Pedro Schwartz en su capítulo, y también Honoré de Balzac, relator del procedimiento de quiebra en *La Comedia Humana*, analizado por Francisco Cabrillo. María Blanco plantea una sabia y sugestiva relación entre las reformas de Haussmann en el París del Segundo Imperio y la obra de Zola. **14.** _____ Algunos tenían conocimientos de economía que iban más allá de lo habitual, incluso en personas cultivadas. Maeztu era uno de ellos, y así lo confirma Jesús M. Zaratiegui; más sorprendente es el caso de Unamuno, cuya biblioteca de libros de economía asombra por la calidad y el número de obras que contenía, según se recoge en el capítulo de Fernando Méndez Ibisate. El portugués Fernando Pessoa poseía asimismo una buena cultura económica, y llegó a escribir diversos artículos sobre esta cuestión, en una línea favorable a la libertad de mercado, como revelan José Luis Ramos Gorostiza y Santos Redondo. **15.** _____ Sánchez Hormigo, en otro ensayo, sitúa al economista y escritor Valentín Andrés en el universo de Ramón Gómez de la Serna.

Sorprende gratamente -como todo en su obra- la sagacidad económica de Josep Pla. **16.** _____ Aunque ya en los 60 se pronuncia a favor de la autonomía política de Cataluña, Pla advierte del coste que esta fórmula puede acarrear a los ciudadanos en forma de impuestos. Regeneracionista, y radical en sus opiniones sociales, fue el joven Azorín, a quien Juan Velarde sitúa en un impresionante friso generacional. Son muy interesantes los párrafos que dedica al asunto de las protestas de los jóvenes escritores -Azorín entre ellos- ante la concesión del Nobel a Echegaray y la influencia que pudieron tener en dicho incidente algunos economistas de la época. Al Echegaray, ingeniero, político y dramaturgo, dedica su ensayo Jordi Pascual, destacando algunos personajes y situaciones de sus dramas relacionados con el mundo económico.

17. _____ Así, José Jurado se ocupa de la noción de consumo suntuario en la Ilustración, Carlos Rodríguez Braun examina la noción de justicia y de clemencia en *El mercader de Venecia*, y Santos Redondo y Ramos Gorostiza, en un capítulo, y Luis Perdices y John Reeder, en otro, demuestran que Cervantes era, en asuntos económicos, no menos inteligente que en asuntos del alma; lo confirma su mordaz crítica del arbitrismo, aunque tampoco resultara inmune a determinados prejuicios sociales. **18.** _____

Estrella Trincado pone final feliz a esta obra con un ensayo sobre Borges y Cortázar: más que de economía, sus páginas revelan cómo la lógica de una economista se abre paso en los mundos de fantasía y realidad de ambos escritores argentinos.

Pedro Tedde de Lorca
http://www.elcultural.es

FRAGMENTOS

a)

Luis M. Linde analiza su perspectiva liberal, ferviente antimonopolista y favorable explícitamente a las tesis de Keynes, al tiempo que se muestra partidario de la estabilidad monetaria.

b)

El tópico del artista bohemio, despreocupado e inútil frente al economista práctico, árido y ambicioso no resiste la comparación con la realidad. Algunos de los autores estudiados en este libro fueron a la vez economistas competentes e inspirados creadores. En la introducción metodológica podemos ver varios ejemplos de esta dualidad.

c)

Manuel Santos Redondo y José Luis Ramos Gorostiza exponen que hay economistas autores de brillantes obras literarias, como José Luis Sampedro o Valentín Andrés, a los que habría que agregar otros españoles ilustres:

d)

En España, en torno a 1900, hubo escritores atentos al fenómeno de la industrialización vizcaína -Blasco Ibáñez, Maeztu-, como expone Amando de Miguel, aunque muchos escritores de la Generación del 98 quedaron fijados por la preocupación hacia la España interior, atrasada e improductiva.

e)

Cosa muy distinta fue el Quevedo del *Chitón de las Tarabillas*, donde se llega a elogiar la desastrosa devaluación de la moneda de vellón llevada a cabo por Felipe IV, según muestra José I. García del Paso.

f)

Hubo casos de obras literarias escritas con la finalidad de propagar ideas sociales, por ejemplo, Harriet Martineau, según explica Elena Gallego, pero más frecuente es el hallazgo de valoraciones sobre cuestiones económicas en autores aparentemente alejados de este mundo.

g)

Mención particular merece, en sendos artículos de Santos Redondo y de Alfonso Sánchez Hormigo, Leopoldo Alas, *Clarín*, catedrático de Economía Política, quien defendió posiciones sociales de carácter reformista, en la línea de otros miembros de la Institución Libre de Enseñanza.

TAREA 3

A continuación va a leer seis resúmenes de ponencias sobre economía y desarrollo, a)-f), y ocho enunciados, 19-26. Marque a qué texto corresponde cada enunciado.
Recuerde que hay textos que deben ser elegidos más de una vez.

a) La crisis financiera actual ocasionada por el sector inmobiliario

Muchas son las causas que han originado la crisis financiera actual, entre ellas podemos hacer referencia a la concesión de préstamos a consumidores poco solventes, un tipo de interés bajo, el incremento continuo del valor de la vivienda, pero también hay medidas que hacen que la crisis actual empeore, como son una disminución del sueldo, una congelación de pensiones y un incremento del IVA. Se pretende explicar que la crisis financiera no solamente está en nuestro país, sino que se encuentra en cualquier parte del mundo debido a la globalización, que ha beneficiado a aquellos países que tienen una mano de obra barata y ha perjudicado a aquellos países que no pueden fabricar el producto a un precio de coste tan competitivo como los países asiáticos provocando una desigualdad económica cada vez más pronunciada.

Adaptado de www.eumed.net

b) Empresa y derechos humanos

El proceso de globalización convierte a empresas y entidades financieras en agentes imprescindibles de una posible justicia local y global. No habrá buenas sociedades sin empresas que, como mínimo, *respeten* los derechos humanos y que, en la medida de lo posible, *promuevan* su protección. Pero tampoco habrá *buenas empresas*, hablando desde un punto de vista económico, si no incorporan en el núcleo duro de su funcionamiento la defensa de los derechos humanos. Generar aliados, y no enemigos, confianza y reputación, no recelo y descrédito es más rentable que lo contrario en el medio y largo plazo.

Es urgente incorporar *explícitamente* el respeto a los derechos humanos no solo en las instituciones políticas, sino también en el núcleo duro de las organizaciones empresariales y de las entidades bancarias. Mostrar los pasos principales que han llevado a esta conclusión y la reflexión filosófica que subyace a ellos es la meta de la ponencia.

Adaptado de www.racmyp.es

c) El fondo de pensiones del gobierno noruego

No se trata exactamente de un fondo de pensiones, sino de un fondo constituido inicialmente por las ganancias del petróleo de Noruega, de propiedad pública. Su volumen es de unos 210 000 millones de euros (más o menos el 25% del PIB de Noruega). Está también inscrito en la categoría de fondos soberanos. El fondo tiene dos prioridades éticas: «El propietario último del fondo es el pueblo noruego y las futuras generaciones de noruegos. Se considera una obligación ética que las futuras generaciones se beneficien también de la riqueza petrolífera noruega».

«Consideramos -y esta es la segunda de las prioridades- que tenemos la obligación ética de respetar los derechos fundamentales de aquellos que se ven afectados por las empresas en las que invierte el fondo. Con este fin, el Banco Central noruego ejerce su influencia sobre estas empresas para que respeten las normas éticas fundamentales».

Adaptado de http://blog.comfia.net

d) *Las microfinanzas, una posible herramienta para aliviar la pobreza en los países en vía de desarrollo*

En la Cumbre del Milenio donde participaron más de 180 países se establecieron unos objetivos para mejorar la vida de los más pobres de La Tierra. Sin embargo, el objetivo de erradicar la pobreza a la mitad para el 2015 parece difícil de conseguir si no se toman medidas drásticas al respecto. A pesar de todo, algunas organizaciones, al margen de las instituciones internacionales o nacionales, están trabajando para solventar el problema del hambre y la marginación social. En nuestro análisis vamos a centrarnos en el caso concreto de las microfinanzas y, de forma particular, en el Grameen Bank. El profesor Yunus, creador del Grameen, y el propio GB han recibido el premio Nobel de la Paz, 2006. Por ese motivo, consideramos necesario analizar esta organización que lleva más de 30 años trabajando con microcréditos y cuya filosofía se está exportando a otros países.

Adaptado de http://eumed.net

e) *¿Por qué hay que salvar la zona euro?*

El primero de los ponentes señaló que Polonia es un estado miembro de la Unión Europea sin fecha límite para adoptar el euro, pero que su entrada no se hará de forma inminente. El segundo de los ponentes expuso tres argumentos a favor del euro: un argumento económico (el euro fortalece el mercado interior europeo y el crecimiento económico de la UE), un argumento político (el euro favorece la integración europea al actuar como un factor de estímulo) y un argumento internacional (el euro contribuye a la estabilidad de la economía mundial). La tercera intervención trató el tema de la crisis de la deuda soberana en el área del euro, resaltando que la fatiga del sistema fiscal deja a los gobiernos en posiciones muy vulnerables. El último de los ponentes opinó que: «El problema de Europa es la falta de mentalidad europea...» y que: «Hasta que no se solucione este problema, no vamos a solucionar esta crisis».

Adaptado de www.ucm.es

f) *Innovación tecnológica como factor de competitividad de las pymes en América Latina*

La internacionalización de las pymes latinoamericanas es uno de los medios para lograr progresos importantes en la generación de empleo, disminución de la pobreza y consecuente mejora de la calidad de vida de la población. La inserción exitosa y sostenible de las pymes en el mercado nacional, regional y global está condicionada por la mejora e innovación en procesos, productos y servicios. Esta es la clave para que América Latina pueda competir en la economía moderna, especialmente en el mercado europeo.

Los países de la región, salvo algunas excepciones, invierten un porcentaje mínimo (menos del 1%) de su producto interno bruto en ciencia y tecnología, en contraste con países industrializados y economías emergentes como China, India y Tailandia. El incremento de la productividad logrado por países industrializados se fundamenta en un patrón de competitividad basado en la innovación, la calidad y la productividad.

Adaptada de www.eeas.europa.eu

PREGUNTAS

19. Uno de los razonamientos que se utilizan en esta ponencia consiste en que el mantenimiento de una determinada unidad monetaria alienta y refuerza la unión del grupo.

a)	b)	c)	d)	e)	f)

20. En esta ponencia se hace referencia a la necesidad que tienen determinadas empresas de incrementar sus gastos en investigación y mejora si quieren ser competitivas fuera de sus fronteras.

a)	b)	c)	d)	e)	f)

21. Se dice en esta ponencia que un determinado caudal de bienes públicos tiene una doble consideración.

a)	b)	c)	d)	e)	f)

22. El objetivo de esta ponencia es conminar de forma expresa y clara a los poderes públicos y a los principales responsables económicos a que actúen tomando en consideración la dignidad de los seres humanos.

a)	b)	c)	d)	e)	f)

23. Según esta ponencia, será muy difícil eliminar un grave problema mundial, de no acometerse con urgencia acciones enérgicas.

a)	b)	c)	d)	e)	f)

24. Según esta ponencia, la expansión de los mercados ha provocado una acusada falta de igualdad entre algunos países.

a)	b)	c)	d)	e)	f)

25. En esta ponencia se expone que hay decisiones económicas que ocasionan, entre otras cosas, que las asignaciones sociales periódicas que reciben algunos ciudadanos no se incrementen.

a)	b)	c)	d)	e)	f)

26. Esta ponencia hace mención a una reunión de alto nivel con un insigne participante.

a)	b)	c)	d)	e)	f)

Anote el tiempo que ha tardado:

Recuerde que solo dispone de **60 minutos**

CD II

Pista 5

TAREA 4

A continuación, va a escuchar un fragmento de una conferencia sobre la economía mundial. Deberá elegir las cinco opciones que resumen la conferencia entre las doce que aparecen, a)-l). Escuchará la audición dos veces.

Dispone de un minuto y cuarto para leer las opciones.

OPCIONES

a) El crecimiento económico de un país depende, entre otros factores, de la exportación.

b) El 70% del consumo español, según una empresa de *marketing* muy conocida, es de inversión.

c) España es un país poco competitivo turísticamente debido a la baja inflación.

d) Los extranjeros viajaban antes a España porque era un país barato y con buenas condiciones.

e) El cambio climático ha hecho que la gente elija Túnez, Egipto o Marruecos como destino turístico.

f) En la sede europea de la Comisión consideran a los españoles nuevos ricos.

g) En Alemania están sumamente preocupados con el tema de la inflación.

h) En la Alemania hitleriana hubo un tipo de interés del 2 000%, lo que originó un aumento de la inflación.

i) En la Europa del Este el impuesto de sociedades es similar al de España, y por eso muchas empresas se instalan en esos países.

j) El precio de la cerveza hace que la inflación varíe.

k) Los medios necesarios para organizar una empresa es uno de los cinco elementos de la deslocalización industrial.

l) Los sindicatos más problemáticos evitan que las multinacionales españolas se instalen en otros países.

Señale por orden las opciones elegidas.

27	28	29	30	31

CD II

Pista 6

TAREA 5

A continuación va a escuchar a dos personas que participan en un debate radiofónico sobre el tema de las rebajas. Después deberá marcar qué ideas expresa el hombre (H), cuáles la mujer (M) y cuáles ninguno de los dos (N) entre las 15 frases que aparecen, 32-46.
Escuchará la audición dos veces.

Dispone de un minuto para leer las frases.

OPCIONES

	H	M	N
32. En la actualidad se adquiere ropa con la misma frecuencia con la que se hace la compra.			
33. El deseo de ir a la moda es uno de los factores determinantes a la hora de cambiar el vestuario.			
34. Ahora existe una normativa que defiende los derechos de los compradores.			
35. Hay distintas variables que influyen en los hábitos del consumidor, como por ejemplo, la situación económica.			
36. Hace 40 años se hacía una competencia leal en derechos y obligaciones.			
37. El comprador de rebajas es siempre desconfiado.			
38. El concepto de compra ha variado con el paso de los años.			
39. Está prohibido fabricar productos exclusivamente para la época de rebajas.			
40. Los *outlet* perjudican el buen nombre de algunas marcas importantes.			
41. Las grandes marcas evitan poner el nombre *rebajas* a sus productos.			
42. Vivimos en un mundo de rebajas constantes en productos de diferentes tipos, no solo textiles.			
43. Todos hemos tenido alguna vez impulsos irresistibles ante las rebajas.			
44. En el mercado actual se está generalizando la cultura de rebajar los productos.			
45. El impulso de la campaña de rebajas ha hecho que se diversifiquen los productos.			
46. Si al comprador le dan gato por liebre en rebajas, es porque los comerciantes son muy inteligentes.			

Uso de la lengua, comprensión de lectura y comprensión auditiva

CD II

Pista 7

TAREA 6

A continuación va a escuchar una entrevista a José Babiano, doctor en Historia Contemporánea y coautor de La patria en la maleta, *un libro sobre la emigración española a Europa. Después, seleccione la opción correcta, a), b) o c), para contestar a las preguntas, 47-52.*
Escuchará la entrevista dos veces.

Dispone de un minuto para leer las preguntas.

PREGUNTAS

47. En la entrevista se dice que:
   a) Los emigrantes españoles ahora tienen mejor formación que antes.
   b) Los otros países europeos ofrecen mejores oportunidades de trabajo especializado.
   c) Este año ha habido un 36% más de emigrantes cualificados.

48. El entrevistado dice que:
   a) El perfil más común del emigrante español es el de joven cualificado que va a Alemania.
   b) Muchas personas que vinieron a España hace años ahora regresan a sus países de origen.
   c) La falta de expectativa laboral en Europa hace que muchos jóvenes emigren.

49. En la entrevista se informa de que:
   a) Según el Instituto Nacional de Empleo, más de 50 000 personas han emigrado por falta de expectativas.
   b) Individuos formados y de talento tienen que emigrar porque en España no encuentran trabajo.
   c) La situación del personal sanitario se va a deteriorar.

50. Según el Sr. Babiano:
   a) Al ser historiador puede predecir el pasado y el futuro.
   b) En 2020 la emigración será un fenómeno estructural.
   c) Seguirá habiendo emigración e inmigración.

51. En la entrevista se cuenta que:
   a) Un 12,6% de españoles fue al Reino Unido entre 2010 y 2011.
   b) Cada vez hay más emigración española a un país de América.
   c) Inglaterra tiene muchos emigrantes en España.

52. Según la entrevista, con el fenómeno de la emigración, las familias:
   a) No se suelen romper cuando la emigración es temporal.
   b) Se han transformado a causa de los planes migratorios.
   c) Formadas previamente suelen escindirse tras la emigración a largo plazo.

Anote el tiempo que ha tardado:

Recuerde que solo dispone de **105 minutos**

PRUEBA 2 — Destrezas integradas:
c. auditiva y de lectura
y expresión e
interacción escritas

150 min
Tiempo disponible
para las 3 tareas.

TAREA 1

En la última factura del teléfono móvil le han cobrado 500 euros. Ha visto que tal cantidad se debe a «Mensajes de texto Premium», por un servicio en el que no se ha dado de alta. Ha buscado información en Internet y ha comprobado que existen varios modos de reclamar. Debe escribir esa reclamación, donde explique sus razones para que le devuelvan la cantidad pagada. Para su elaboración usted dispone de una entrevista radiofónica a una afectada por el mismo problema que usted, un mensaje de un foro en una página de información al consumidor y una serie de consejos de una revista de economía sobre los servicios no solicitados.

Va a escuchar la tertulia dos veces. Tome notas del audio y utilice las tres fuentes proporcionadas, seleccionando la información que considere relevante. A continuación organícela y redacte la reclamación. Número de palabras: entre 400 y 450.

CD II

Audición 1   **Qué hacer si recibes sms Premium y te sube la factura del teléfono**   **Pista 8**

TEXTO 1

Reclamaciones de un consumidor

Consulta: Mensajes que no he pedido
Hola, buenas tardes, mi consulta-denuncia es referente a una empresa que me envía mensajes que yo no he solicitado (ni abro) y que por el hecho de enviar dichos mensajes pueden cobrarme 1,2 euros. No entiendo cómo esto es posible. Es como si yo eligiera un teléfono de alguien y por llamarle yo ingresara 1,2 euros cada
5vez. Veo en foros que no soy el único, ¿cómo es posible que los organismos que gestionan las telecomunicaciones permitan esto, incluida mi compañía telefónica? ¿No sería posible que desde las organizaciones de consumidores se luchara contra estas estafas? Mi operador Movistar me ha tratado bien y me ha ofrecido la devolución de parte del dinero (si no se sintieran responsables, no creo que me hubieran devuelto nada), aun así, voy a poner una denuncia a la junta de consumo de mi ciudad. Muchas gracias.

10**Responde el experto:**
Ciertamente este es uno de los miles de casos que recibimos sobre SMS Premium (Servicios de Tarificación Adicional) en el que el usuario o bien no se ha suscrito o bien si se ha captado su consentimiento ha sido mediante técnicas engañosas o desleales (son frecuentes las páginas de Internet que nos piden nuestro móvil tras simular una oferta o promoción y en realidad resultan un modo desleal de captar «clientes» de estos servicios:
15test de inteligencia, de masa corporal, de tráfico, concursos o sorteos son solo algunos de los más comunes). Las asociaciones de consumidores llevamos cientos de denuncias formuladas contra este tipo de empresas.
En primer lugar, solicite a su operador la «desconexión de los servicios de tarificación adicional» si no desea este tipo de servicios para evitar ser víctima de un nuevo fraude. Es un derecho que tiene al amparo de la Orden PRE/361/2002. En segundo lugar, solicite el desglose de la factura por números «convencionales» y servi-
20cios de tarificación adicional abonando solo el importe correspondiente a los primeros. Formule una denuncia a la Comisión de Supervisión de los Servicios de Tarificación Adicional (CSSTA), dependiente de la Secretaría de Estado de Telecomunicaciones y para la Sociedad de la Información (SETSI), que puede remitir desde cualquier Administración Pública u oficina de Correos a la calle Capitán Haya, 41 de Madrid, C.P. 28071.

www.reclamacionesconsumidor.com

TEXTO 2

Servicios no solicitados; no, gracias

Revisar con atención las facturas de nuestras líneas telefónicas es un consejo más que recomendable, pero mirar con lupa cada uno de los conceptos contabilizados y revisar la suma de estos es ya una tarea imprescindible. En el primer semestre de este año se ha producido un aumento de las reclamaciones de un 30% en el sector de la telefonía móvil según datos de la Oficina de
5Atención al Usuario de Telecomunicaciones. Y entre ellas, la Confederación Española de Organizaciones de Amas de Casa, Consumidores y Usuarios (CEACCU) destaca el incremento de las quejas presentadas por ciudadanos que al mirar sus facturas se han encontrado con que les han cobrado servicios no contratados: buzones de voz, acceso a Internet… Y algunos de ellos se han dado cuenta después de meses de estar pagando por estos servicios por haber atendido solo a
10la cifra final y no estudiar el desglose. Ese es el caso de Marina López, nombre ficticio, que esta misma semana descubrió que Vodafone le estaba cobrando desde marzo el servicio de Internet a pesar de que su teléfono ni siquiera tiene la posibilidad de conectarse a la red. «Esta vez presté más atención a la factura porque estoy planteándome una portabilidad a otra compañía. Ya me había pasado hace dos años. Llamé para ver qué había pasado y tras hablar con varios teleope-
15radores admitieron que sí, que habían cometido un error al darme de alta y que tramitarían mi reclamación y me dieron el número de expediente sin que yo lo pidiera».

Pero no es lo habitual. Es común que al pedir el nombre o número de identificación de los teleoperadores, así como el número de expediente de la queja, pongan excusas para no hacerlo, o que tengamos que atravesar un laberíntico calvario por departamentos para dar por zanjado el
20asunto. Pero ni siquiera cuando parece que todo va por buen camino debemos renunciar a otras vías para reclamar las cuantías adeudadas así como la cancelación del servicio. En el caso de que tengamos que ir a juicio, necesitamos proveernos de pruebas materiales y con las llamadas a la compañía -pese a que suelen grabarlas, según avisan ellos mismos durante la llamada- difícilmente podemos contar. Para ello, lo recomendable es realizar una queja a través la página web,
25y hacer una captura de pantalla de esta para contar con la prueba, hacer lo mismo mediante fax con acuse de recibo y visualización de contenido, es decir, quedándonos con una copia en la que se visualice el contenido de la carta enviada, y por *e-mail*, guardando igualmente una copia.

Sin embargo, desde CEACCU intuyen que no se trata de un aumento del alta de servicios no solicitados sino que, con la crisis y el descenso en picado de los ingresos de un importante porcentaje
30de la ciudadanía, ahora estamos más atentos a la facturación.

El siguiente paso que nos recomiendan desde la asesoría jurídica, en el caso de que no le devuelvan el dinero y le den de baja en el servicio, es interponer una demanda judicial. «Existe el juicio verbal para cuando la cantidad es inferior a 2 000 euros que nos permite acudir sin abogado ni procurador y ofrecemos gratuitamente unos modelos de demanda con la jurisprudencia en los
35que solo faltan los campos de nombre, DNI, causa de la demanda… También ofrecemos el servicio de asesoramiento jurídico antes o durante el proceso en el que además de la cuantía cobrada de más se puede exigir indemnización por daño moral, por las molestias ocasionadas… Por eso es tan importante tener copia de las quejas presentadas, para que el juez pueda ver que nos hemos quejado y la empresa no ha hecho nada».

Adaptado de http://consumeymuere.periodismohumano.com

ESCRIBIR UNA RECLAMACIÓN

Lugar y fecha
Destinatario

Dirección

Asunto: reclamación por…/solicitud de baja de…

Muy señor/-a mío/a:

El pasado mes de .... Cuando lo contratamos ustedes nos ofrecieron una serie de ventajas, como:
....

Desgraciadamente, los problemas comenzaron cuando ....
....

En consecuencia, reclamamos daños y perjuicios por el no cumplimiento de las condiciones ofrecidas por ustedes en este contrato.
Les adjunto los detalles del contrato y mis datos.
Espero su respuesta, comunicándole que, si en un plazo prudente no se produce, iniciaré otro tipo de actuación.

Le saluda atentamente,
Nombre y apellidos

ENCABEZADO:
- Muy Sr./Sra. mío/mía:
- Sres.:
- A quien corresponda:
- Sr./Sra. Pérez:
- Estimados Sres.:

MOTIVOS DE LA CARTA:
- Me pongo en contacto con ustedes/Les escribo esta carta en relación con…
- El motivo de mi carta es comunicarles/manifestarles mis quejas…
- Quería mostrar mi desacuerdo con…
- El pasado mes de agosto contraté con ustedes…

SERVICIOS OFRECIDOS:
- En el contrato consta que…
- Ustedes me ofrecieron…, pero…
- En su oferta prometían que…
- Según el Art. núm. XXX del Código XXX…

PROBLEMAS ACONTECIDOS:
- Los problemas empezaron cuando…
- A continuación les detallo/paso a detallarles el problema…

DOCUMENTO ADJUNTO:
- Adjuntar facturas, extractos bancarios o los documentos que sean necesarios (gráficos, esquemas…).

RECLAMACIÓN IMPORTANTE:
- Por todo ello les pido/ruego que subsanen/resuelvan/tomen medidas/actúen…
- Como conclusión, les pido que me sea devuelto el importe…
- Ateniéndome al Art. Núm. XXX ruego que…

TAREA 2

Usted quiere abrir un negocio de venta de muebles por Internet. Para ello ha oído a un experto en la materia en un podcast de una revista especializada, pero debe adaptar la audición y escribir su contenido de forma clara para presentarle la información a su futuro socio. Usted ahora debe redactar un texto utilizando todos los recursos que considere necesarios. Para ello dele una estructura coherente, corrija la puntuación y los posibles errores gramaticales, seleccione un léxico más preciso y elimine las características propias del lenguaje oral.

Número de palabras: entre 150 y 200.

Cómo abrir un negocio exitoso en Internet

Bueno, para distinguirnos el motivo de este audio de hoy es que he intentado resumir... bueno, lo que a mi parecer y por la experiencia que tengo con muchos emprendedores a diario, en dos o tres aspectos que realmente son claves a la hora de comenzar un negocio por Internet.

Mira, lo primero es que para lograr altos ingresos en Internet, no se logran, o al menos es bastante difícil de hacerlo con un solo negocio. Primero, antes de nada, analizar el mercado, saber a quién le vas a ofrecer una determinada información y ofrecerle la información que esas personas están realmente buscando y no lo que tú crees que necesitan.

Resumiendo, qué característica tiene que tener un emprendedor para tener un negocio real y efectivo por Internet? Primero: análisis de mercado. Segundo, saber analizar, y cuando digo analizar, una vez que tienes tu análisis, no solo porque haya gente que esté buscando un determinado producto. Arma un contenido, comienza a contactarte, que te cuenten qué hacen, a qué se dedican, que te manden su *link*... para tener una idea de con quién estás trabajando, es decir, no adivines, pregunta. Por otra parte puedo asegurarte que, así, por lejos, te puedo dar mil técnicas de *marketing*, te puedo decir mil formas de vender, pero si tú no te mentalizas y si tú no trabajas con la, justamente, con la capacidad, con tu atención en hacer crecer ese proyecto, no te va a servir de nada todas las técnicas que te pueda dar. (sic)

Adaptado de
http://recursosmaestros.com

TAREA 3

En la ONG con la que usted colabora le han pedido que haga un informe sobre el grado de desarrollo de los distintos países del mundo y sobre los aspectos en los que hay que trabajar para disminuir las desigualdades.

A partir del siguiente gráfico, que recoge una parte de los resultados del Informe sobre Desarrollo Humano 2011, del Programa de las Naciones Unidas para el Desarrollo (PNUD), *elabore un informe en el que se refleje la situación actual y establezca los aspectos que quedan pendientes para fomentar el desarrollo de todos los países.*

Índice de Desarrollo Humano y sus componentes

Clasificación según el IDH	Índice de Desarrollo Humano (IDH) Valor 2011	Esperanza de vida al nacer (años) 2011	Años promedio de escolaridad (años) 2011[a]	Años esperados de escolarización (años) 2011[a]	Ingreso nacional bruto (INB) per cápita (PPA en US$ constantes de 2005) 2011	Clasificación según el INB per cápita menos la clasificación según el IDH 2011	IDH no referido a ingresos Valor 2011
DESARROLLO HUMANO MUY ALTO							
1 Noruega	0,943	81,1	12,6	17,3	47.557	6	0,975
2 Australia	0,929	81,9	12,0	18,0	34.431	16	0,979
3 Países Bajos	0,910	80,7	11,6[b]	16,8	36.402	9	0,944
4 Estados Unidos	0,910	78,5	12,4	16,0	43.017	6	0,931
5 Nueva Zelandia	0,908	80,7	12,5	18,0	23.737	30	0,978
6 Canadá	0,908	81,0	12,1[b]	16,0	35.166	10	0,944
7 Irlanda	0,908	80,6	11,6	18,0	29.322	19	0,959
8 Liechtenstein	0,905	79,6	10,3[c]	14,7	83.717[d]	−6	0,877
9 Alemania	0,905	80,4	12,2[b]	15,9	34.854	8	0,940
10 Suecia	0,904	81,4	11,7[b]	15,7	35.837	4	0,936
11 Suiza	0,903	82,3	11,0[b]	15,6	39.924	0	0,926
12 Japón	0,901	83,4	11,6[b]	15,1	32.295	11	0,940
13 Hong Kong, China (RAE)	0,898	82,8	10,0	15,7	44.805	−4	0,910
14 Islandia	0,898	81,8	10,4	18,0	29.354	11	0,943
15 República de Corea	0,897	80,6	11,6[b]	16,9	28.230	12	0,945
16 Dinamarca	0,895	78,8	11,4[b]	16,9	34.347	3	0,926
17 Israel	0,888	81,6	11,9	15,5	25.849	14	0,939
18 Bélgica	0,886	80,0	10,9[b]	16,1	33.357	2	0,914
19 Austria	0,885	80,9	10,8[b]	15,3	35.719	−4	0,908
20 Francia	0,884	81,5	10,6[b]	16,1	30.462	4	0,919
21 Eslovenia	0,884	79,3	11,6[b]	16,9	24.914	11	0,935
22 Finlandia	0,882	80,0	10,3	16,8	32.438	0	0,911
23 España	0,878	81,4	10,4[b]	16,6	26.508	6	0,920
24 Italia	0,874	81,9	10,1[b]	16,3	26.484	6	0,914
25 Luxemburgo	0,867	80,0	10,1	13,3	50.557	−20	0,854
26 Singapur	0,866	81,1	8,8[b]	14,4[a]	52.569	−22	0,851
27 República Checa	0,865	77,7	12,3	15,6	21.405	14	0,917
28 Reino Unido	0,863	80,2	9,3	16,1	33.296	−7	0,879
29 Grecia	0,861	79,9	10,1[b]	16,5	23.747	5	0,902
30 Emiratos Árabes Unidos	0,846	76,5	9,3	13,3	59.993	−27	0,813
180 Sierra Leona	0,336	47,8	2,9	7,2	737	0	0,365
181 Burkina Faso	0,331	55,4	1,3[f]	6,3	1.141	−15	0,323
182 Liberia	0,329	56,8	3,9	11,0	265	5	0,504
183 Chad	0,328	49,6	1,5[i]	7,2	1.105	−12	0,320
184 Mozambique	0,322	50,2	1,2	9,2	898	−9	0,325
185 Burundi	0,316	50,4	2,7	10,5	368	0	0,412
186 Níger	0,295	54,7	1,4	4,9	641	−4	0,311
187 Congo (República Democrática del)	0,286	48,4	3,5	8,2	280	−1	0,399

http://hdr.undp.org

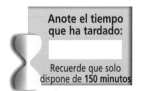

Anote el tiempo que ha tardado:

Recuerde que solo dispone de **150 minutos**

PRUEBA 3

Destrezas integradas: c. de lectura y expresión e interacción orales

20 min
Tiempo disponible para las 3 tareas.

30 min
Tiempo disponible para la preparación de la intervención oral.

TAREA 1

EL MUNDO DEL TRABAJO

El trabajo es uno de los aspectos de la vida que más afectan a las personas. Para poder elegir adecuadamente una profesión y conseguir un empleo, es imprescindible conocer bien las diferentes opciones de trabajo, el grado de satisfacción de las personas en su entorno laboral, entre otras cuestiones relacionadas con el mundo del trabajo.

Prepare una presentación de 6-8 minutos sobre El mundo del trabajo *en la que explique al entrevistador:*

- los aspectos más importantes del entorno laboral de los trabajadores;

- las opiniones más relevantes sobre algunas profesiones actuales y las nuevas formas de trabajo;

- las previsiones sobre el mercado laboral en un futuro próximo.

Para preparar su intervención cuenta con los siguientes materiales de apoyo. Utilícelos todos, seleccionando de cada uno de ellos la información que considere oportuna:

- Gráfico 1. *Encuesta de la Fundación Europea para la Mejora de las Condiciones de Vida y de Trabajo*

- Gráfico 2. *Encuesta de calidad de vida en el trabajo 2010*

- Texto 1. *La actualidad de trabajar desde casa en Internet*

- Texto 2. *¿Quiere ser feliz? Hágase sacerdote, bombero o fisioterapeuta*

Gráfico 1

Encuesta de la Fundación Europea para la Mejora de las Condiciones de Vida y de Trabajo

De la encuesta se desprende lo siguiente:

■ los problemas de salud relacionados con el trabajo mencionados con más frecuencia son:

- los dolores de espalda (30% de los trabajadores)
- el estrés (28% de los trabajadores)
- los dolores musculares en brazos y piernas (17% de los trabajadores)

■ los problemas de salud están sobre todo asociados a las malas condiciones de trabajo;

■ el absentismo relacionado con problemas de salud en el trabajo afecta cada año al 23% de los trabajadores (en promedio, cuatro días de trabajo perdidos por persona);

■ la exposición a riesgos físicos (ruido, vibraciones, productos peligrosos o contaminantes) y el trabajo en puestos mal diseñados siguen siendo muy comunes (el 28% de los trabajadores están sometidos a ruidos intensos y el 45% han de adoptar posturas de trabajo incómodas);

■ el trabajo se hace cada vez más intenso y su ritmo se acelera;

■ el trabajo repetitivo y monótono continúa estando muy extendido (el 37% de los trabajadores realizan tareas breves y repetitivas y el 45%, tareas monótonas);

■ se están realizando progresos en lo que respecta a la autonomía en el trabajo, pero esta sigue siendo, en conjunto, escasa;

■ el trabajo está en gran medida dominado por factores externos (el cliente ha sustituido a la máquina como determinante del ritmo de trabajo);

■ la informática se ha hecho con un lugar importante en el trabajo (el 38% de los trabajadores se sirven de ella);

■ tan solo el 32% de los asalariados manifiesta haber seguido algún curso de formación ofrecido por su empresa en el curso de los doce meses precedentes;

■ la violencia en el trabajo no es un fenómeno marginal (el 9% de los asalariados manifiestan ser víctimas de actos de intimidación);

■ la característica principal de la organización del tiempo de trabajo es su distribución (horarios irregulares, trabajo de fin de semana, trabajo nocturno);

■ existen grandes diferencias entre categorías profesionales, sectores, países y regímenes laborales. A este respecto, deben destacarse la creciente precarización del trabajo y las malas condiciones laborales asociadas a los empleos precarios.

* Realizada a partir de una muestra de trabajadores de los distintos países de la Unión Europea para conocer sus condiciones de trabajo.

http://www.mtin.es

Gráfico 2
Encuesta de calidad de vida en el trabajo 2010

DATOS MÁS RELEVANTES

NIVEL MEDIO DE SATISFACCIÓN DE LOS OCUPADOS CON DIFERENTES ASPECTOS RELACIONADOS CON SU TRABAJO, POR SEXO

	NIVEL MEDIO DE SATISFACCIÓN					
	2009			2010		
	Ambos sexos	Varones	Mujeres	Ambos sexos	Varones	Mujeres
ORGANIZACIÓN DEL TRABAJO	7,1	7,1	7,2	7,1	7,1	7,1
ACTIVIDAD DESARROLLADA	7,6	7,6	7,7	7,8	7,7	7,8
AUTONOMÍA/INDEPENDENCIA	7,5	7,5	7,5	7,5	7,6	7,5
DESARROLLO PERSONAL	7,5	7,5	7,5	7,6	7,6	7,6
PARTICIPACIÓN EN LAS DECISIONES SOBRE LAS TAREAS DESARROLLADAS	7,0	6,9	7,0	6,9	7,0	6,9
VALORACIÓN DE SUS SUPERIORES JERÁRQUICOS	7,0	7,0	7,1	7,2	7,2	7,2
POSIBILIDAD DE PROMOCIONES	5,0	5,2	4,8	5,2	5,5	4,9
FORMACIÓN PROPORCIONADA POR LA EMPRESA	6,0	6,1	5,9	6,0	6,1	5,9
SALUD Y SEGURIDAD EN SU PUESTO DE TRABAJO	7,3	7,3	7,3	7,4	7,4	7,4
SALARIO	6,0	6,0	5,9	5,8	5,8	5,7
AYUDAS SOCIALES PROPORCIONADAS POR LA EMPRESA	3,1	3,2	3,0	3,1	3,2	2,9
JORNADA	7,0	7,0	7,1	7,1	7,1	7,1
FLEXIBILIDAD HORARIA	6,3	6,4	6,2	6,5	6,5	6,4
TIEMPO DE DESCANSO DURANTE LA JORNADA	6,5	6,6	6,4	6,7	6,8	6,6
VACACIONES Y PERMISOS	7,1	7,0	7,2	7,1	7,1	7,2
ESTABILIDAD EN SU PUESTO DE TRABAJO	7,1	7,1	7,2	7,1	7,1	7,0
CONVENIO COLECTIVO O ESTATUTO DE REGULACIÓN	5,7	5,7	5,8	5,8	5,8	5,7

Nota.- Nivel medio de satisfacción de la variable 'Convenio Colectivo' revisado en junio de 2011.

Encuesta elaborada por el Ministerio de Trabajo de España. La puntación máxima es 10 y la mínima 0.

http://www.eurofound.europa.eu

Texto 1

La actualidad de trabajar desde casa en Internet

Cada vez más compañías están considerando que una parte de sus empleados trabajen desde casa por Internet para conseguir ciertos objetivos beneficiosos para todos, como pueden ser mejorar la productividad, reducir costes, y aumentar el rendimiento del empleado al hacerle trabajar en un entorno más familiar. Lo cierto es que todavía existen muchas personas que piensan que este modo de trabajo hace que el empleado desatienda sus obligaciones. Puede ocurrir en algún caso, pero no es ni mucho menos la realidad.

La mayoría de la gente dirá que la ventaja más grande de trabajar desde casa es no tener que soportar el viaje a la oficina con sus tremendos atascos y congestiones, lo cual puede ser cierto dado que normalmente son como mínimo una hora y media ir y otro tanto volver. La gran desventaja que se suele ver a primera vista es la falta de contacto físico con los jefes y los compañeros de trabajo, aunque se suelan hacer reuniones semanales o quincenales. Muchos empleados, desde casa, se quejan de que se sienten desconectados de alguna forma de su entorno laboral, aunque estén haciendo un excelente trabajo.

Cada vez son más los que optan por esta tendencia, sobre todo si el trabajo que tienen puede ser virtualmente entregado por Internet. La compañía debe proveer a su empleado de todo lo necesario para realizar su trabajo, como ordenador, conexión ADSL, herramientas y *software* necesario para realizar sus tareas, etc. Realmente a la empresa le sale mejor económicamente hacerlo de este modo. No tiene que pagar desplazamiento, coches de empresa, kilómetros, tiques de restaurante, dietas y más gastos que tiene un empleado tradicional. Debemos tener en cuenta que el equipamiento se lo tendría que entregar de todos modos. La empresa no se debe preocupar si el empleado llega tarde o se va más pronto. Esa responsabilidad será del trabajador, por lo que se tendrá que administrar su propio horario. La compañía solo exigirá el cumplimiento de las expectativas y objetivos marcados.

Por supuesto, se suelen hacer reuniones de seguimiento. Algunas se hacen por videoconferencia y otras reuniéndose en la oficina cada cierto tiempo. El resto de la semana o mes, el teléfono y los *e-mails* son la forma habitual de contacto. Las reuniones periódicas son necesarias para discutir el proyecto y algunos puntos del trabajo, para su clarificación y dirección. Un jefe de equipo normalmente es el que gestiona a varias personas que están contratadas desde casa.

Cada compañía tiene su política y método para hacer funcionar este modo de trabajo fuera de la oficina. Lo seguro es que en unos años un gran porcentaje de personas y empresas tomarán esta modalidad de empleo *on-line* como algo normal y habitual. Solo es cuestión de tiempo que se transforme en algo generalizado.

Adaptado de http://www.marketingencasa.com

Texto 2

¿Quiere ser feliz? Hágase sacerdote, bombero o fisioterapeuta

El trabajo de sacerdote encabeza la lista de los 10 empleos «más felices» que ha confeccionado tras un estudio el Centro Nacional de Investigación de Opinión de la Universidad de Chicago. Casi todas las profesiones consideradas más gratificantes comparten dos características: poca remuneración económica y entrega a los demás.

Siguen a los sacerdotes, los bomberos. Un 80% de ellos afirma sentirse «muy satisfechos» con su tarea, pues implica ayudar a la gente. Completan el podio los fisioterapeutas, también por su tarea en favor de los demás, y porque posibilitan la «interacción social». El cuarto lugar lo ocupan los escritores. Aunque la remuneración que reciben suele ser muy baja y en algunos casos hasta inexistente, la «autonomía» que da el plasmar sobre un papel en blanco las ideas surgidas de la propia mente genera felicidad, apuntan los autores del estudio.

El quinto puesto es para los profesores de educación especial. Si a uno no le mueve solo el dinero, puede ser una profesión muy gratificante. Les siguen los maestros, pese a los recortes en la enseñanza y la conflictividad en algunas aulas. Este trabajo, dice el estudio, continúa atrayendo a jóvenes idealistas, aunque un 50% de los nuevos profesores abandonan antes de los cinco años de ejercicio.

Ser artista, como escultor o pintor, también reporta una gran satisfacción, pese a las dificultades para vivir de ello. También ser psicólogo. Este gremio «puede ser capaz o no de resolver los problemas de la gente, pero parece que ellos han logrado solucionar los suyos», señala la investigación.

El 65% de los vendedores de servicios financieros dicen ser felices con la función que desempeñan, lo que podría deberse, sugiere el estudio, a que algunos de ellos ganan más de 90 000 dólares al año (66 500 euros) por una media de 40 horas a la semana en un confortable ambiente de oficina.

Cierran la lista los operarios de maquinaria pesada, para quienes manejar excavadoras, grúas o cargas puede ser divertido. Con más demanda que oferta, y en estos tiempos que corren, se declaran felices.

Adaptado de http://www.elpais.com

En caso de que no se cumpla el tiempo mínimo de exposición (6 minutos), el entrevistador puede pedir al candidato que se extienda en algún punto o aspecto concreto que haya pasado por alto, antes de pasar a la siguiente tarea:

– *¿Puede citar alguna otra característica importante de la encuesta de la Fundación Europea sobre la mejora de las condiciones de trabajo?*

– *¿Podría señalar otros aspectos relevantes sobre la satisfacción de los españoles en el trabajo?*

– *¿Qué otras profesiones producen felicidad? ¿Y cuáles están surgiendo?*

TAREA 2

CONVERSACIÓN SOBRE LA PRESENTACIÓN

En una conversación con el entrevistador sobre el tema de la tarea 1: El mundo del trabajo, *amplíe la información, defienda con argumentos su propio punto de vista y personalice los temas.*

Duración: de 5 a 6 minutos.

AMPLIACIÓN DEL TEMA

- **LA MEJORA DE LAS CONDICIONES DE VIDA Y DE TRABAJO.** ¿En qué aspectos cree que están mejorando las condiciones de trabajo en el mundo y en cuáles cree que están empeorando? Por ejemplo, la salud, el absentismo, los riesgos, el ritmo de trabajo, la promoción, la formación, la violencia, la precariedad… ¿Puede explicar y matizar su opinión? ¿Cree que la crisis o el paro pueden estar incidiendo en este tema?

- **LA SATISFACCIÓN EN EL TRABAJO.** ¿Qué piensa de los resultados de la encuesta del gráfico 2 en aspectos como el salario, las promociones, las ayudas sociales, las regulaciones…? ¿Cree que estos resultados se pueden aplicar a otros países?

- **EL TRABAJO EN CASA.** ¿En su opinión vamos hacia una sociedad en la que muchas personas trabajarán en su casa? ¿Puede especificar las ventajas e inconvenientes de este sistema de trabajo? ¿Le gustaría trabajar así? ¿Por qué? ¿Cree que eran mejores los trabajos antes que ahora? ¿Puede concretar sus opiniones?

- **LA FELICIDAD Y EL TRABAJO.** ¿Cree realmente que hay profesiones que producen una mayor satisfacción personal que otras? ¿Está de acuerdo con las que señala el artículo? ¿Cuáles son, en su opinión, las peores profesiones? ¿Por qué? ¿Piensa que todo el mundo puede elegir el modo de ganarse la vida? ¿Se puede ser feliz en cualquier trabajo? Argumente su opinión.

- **OTROS ASPECTOS.** Hay mucha gente que estaría dispuesta a trabajar menos horas aun ganando menos dinero. ¿Está de acuerdo? Ante el desempleo y la falta de trabajo, ¿qué le parecen soluciones como la movilidad geográfica y la emigración de jóvenes cualificados? ¿Y el autoempleo o montar una empresa? ¿Qué profesiones cree que van a desaparecer? ¿Cuáles no le gustaría que desaparecieran?

PERSONALIZACIÓN DEL TEMA

- **COMPARACIÓN.** ¿Entre la situación del trabajo en España y en su país, ve alguna diferencia destacable? ¿Puede matizar y precisar la respuesta?

- **EXPERIENCIA PERSONAL.** ¿Puede explicar si trabaja o ha trabajado alguna vez o en qué le gustaría trabajar? ¿Qué es lo que más y lo que menos valora de su profesión pasada, presente o futura? ¿Viviría sin trabajar, si pudiera?

TAREA 3

Lea los siguientes titulares de prensa sobre el paro y después inicie una conversación de tono informal con el entrevistador: ¿qué le parecen las opiniones reflejadas en estos titulares?, ¿está de acuerdo con alguna de ellas?, ¿por qué?

elmundo.es | ECONOMÍA

EN BUSCA DE UN EMPLEO

¿En paro? Conozca dónde es posible encontrar trabajo pese a la crisis económica

- Muchas ofertas de trabajo no precisan una cualificación o edad concreta
- Los sectores de renovables, sanidad e informática son más exigentes
- Quienes hacen Formación Profesional 'trabajan en cuanto se titulan'
- A las ETT acuden quienes 'buscan trabajo con urgencia'

EL PAÍSCOM   Internacional   Política   España   Deportes   Economía   Gente y TV   Sociedad   SModa   ← Ir a portada de ELPAÍS.com

REPORTAJE: LA SOBRECUALIFICACIÓN

Quitarse méritos en el currículo abre puertas

El recorte de las oportunidades laborales lleva a los parados cualificados a suavizar su perfil para abrir el abanico de opciones - La clave está en la flexibilidad y en saber prepararse

ÁLVARO ROMERO 08/03/2011

Miércoles, 4 de enero 2012

LAVANGUARDIA.com | Economía

Particulares que buscan empleo a través de internet se sienten invadidos por el aluvión de ofertas inadecuadas

---

20minutos.es
Las cartas de presentación, claves al enviar el currículo

- Un currículum vitae brillante y una buena preparación, así como una sólida trayectoria profesional, son las mejores bazas para conseguir un trabajo.

- Pero estos logros pueden quedar deslucidos (u ocultos) si falla la presentación, como las cartas que deben acompañar al currículum.

- Son las responsables de que el seleccionador de personal de la empresa a la que se presenta la candidatura se lleve una primera impresión favorable.

EL HOMBRE
Y SU ENTORNO

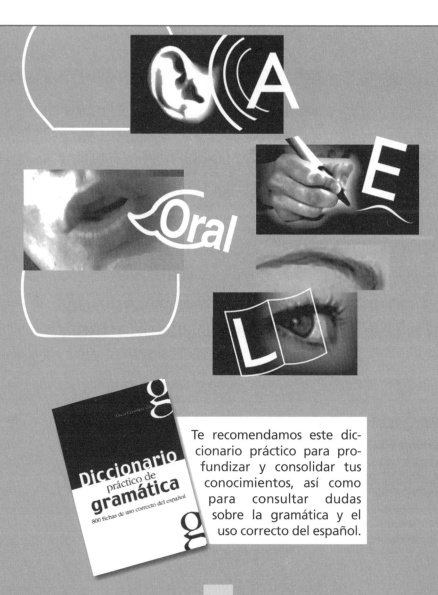

Te recomendamos este diccionario práctico para profundizar y consolidar tus conocimientos, así como para consultar dudas sobre la gramática y el uso correcto del español.

VOCABULARIO

FICHA DE AYUDA
Para la expresión e interacción
escritas y orales

PAISAJE Y CAMPO

Accidentado/a ....
Agreste ....
Dehesa (la) ....
Desolador/-a ....
Escarpado/a ....
Idílico/a ....
Macizo/a ....
Pintoresco/a ....
Páramo (el) ....
Pedregoso/a ....
Pienso (el) ....
Planicie (la) ....
Riachuelo (el) ....

Verbos y expresiones:
Abonar ....
Estabular ....
Labrar ....
Recolectar ....
Sembrar ....

MEDIO AMBIENTE Y DESASTRES NATURALES

Biodiversidad (la) ....
Calentamiento global (el) ....
Cortafuegos (el) ....
Depuradora (la) ....
Desarrollo sostenible (el) ....
Desastres naturales (los) ....
Energía renovable (la) ....
Extinción de especies (la) ....
Hambruna (la) ....
Huracán (el) ....
Incineradora (la) ....
Movimiento sísmico (el) ....
Panel solar (el) ....
Pesticidas (los) ....
Aerosoles (los) ....
Temblor de tierra (el) ....
Tifón (el) ....
Tornado (el) ....
Trasvase (el) ....
Vertedero (el) ....

Verbos y expresiones:
Anegar ....
Arrasar ....
Devastar ....

FAUNA Y FLORA

Abrevadero (el) ....
Comedero (el) ....
Corral (el) ....
Cría (la) ....
Hongo (el) ....

Manada (la) ....
Rebaño (el) ....
Vegetación frondosa (la) ....
  - tupida
Verbos y expresiones:
Aparearse ....
Fertilizar ....
Fumigar ....
Injertar ....
Parir ....
Podar ....

ALIMENTACIÓN Y SALUD

Aceite de oliva virgen (el) ....
Botellón (el) ....
Curación (del jamón) (la) ....
Decibelio, dB (el) ....
Denominación de origen (la) ....
Grasas saturadas (las) ....
Insonorización (la) ....
Jamón ibérico de bellota (el) ....
Loncha (la) ....
Perecedero/a ....
Secadero (el) ....
Tímpano (el) ....

Verbos y expresiones:
Comer como una lima ....
Hacerse la boca agua ....
Ingerir ....
Matar el gusanillo ....
Ponerse morado ....
Saciar ....
Tener buen saque ....

CLIMA

Chubasco (el) ....
Ráfaga de viento (la) ....
Vendaval (el) ....
Viento racheado (el) ....
Verbos y expresiones:
Abrir (el cielo) ....
Amainar (el temporal) ....
Arreciar ....
Azotar (el viento) ....
Caer chuzos de punta ....
Chispear ....
Hacer un sol radiante ....
  - un sol de justicia ....
  - un frío que pela ....
Hacer un día espléndido ....
  - un día de perros ....
Llover a cántaros ....
Lloviznar ....
Diluviar ....

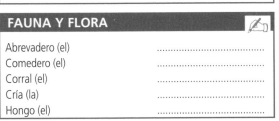

 Uso de la lengua, comprensión de lectura y comprensión auditiva

DESCRIPCIÓN DE LA PRUEBA 1

- La prueba 1, Uso de la lengua, comprensión de lectura y comprensión auditiva, consta de **6 tareas.** Su duración total es de **105 minutos.**

- Las tareas 1, 2 y 3 son de Comprensión de lectura y su duración es de 60 minutos.

- Las tareas 4, 5 y 6 son de Compresión auditiva y su duración es de 45 minutos.

- Las 6 tareas son de respuesta escrita y de calificación objetiva.

http://diplomas.cervantes.es

DESCRIPCIÓN DE LA TAREA 1

- La tarea 1 de Compresión de lectura consiste en «apreciar distinciones sutiles de estilo y significado, tanto implícito como explícito, en un texto complejo del ámbito público, académico y profesional».

- Esta tarea consta de **doce ítems** en una **selección múltiple** con tres opciones de respuesta.

- Los textos serán complejos y especializados o literarios con una extensión de entre 300 y 400 palabras.

CARACTERÍSTICAS DE LA TAREA 1

En esta tarea se mide el conocimiento de distintos aspectos relacionados con el léxico: ortografía *(vaya, valla);* género *(el ala, las alas);* régimen preposicional *(ascender a);* diferentes acepciones *(porra);* variedad de registros; términos estándares, cultos, coloquiales, metafóricos; combinaciones fijas o sintagmáticas *(formar parte de);* locuciones *(a regañadientes);* derivados *(novato, novel);* compuestos, entre otros.

105 min

Tiempo disponible para
las 6 tareas.

TAREA 1

A continuación va a leer un texto. Complete los huecos, 1-12, con la opción correcta, a), b) o c).

Desde este punto de vista, suponían una paz inusitada los días de lluvia, que en el valle eran frecuentes, por más que según los disconformes todo andaba _____1_____ arriba desde hacía unos años y hasta los _____2_____ se perdían ahora -lo que no había acaecido nunca- por falta de agua. Daniel, el Mochuelo, ignoraba cuánto podía llover antes en el valle; lo que sí aseguraba es que ahora llovía mucho; puestos a precisar, tres días de cada cinco, lo que no estaba mal.

Si llovía, el valle transformaba ostensiblemente su fisonomía. Las montañas asumían unos tonos sombríos y opacos, _____3_____ entre la bruma, mientras los prados _____4_____ en una reluciente y verde y casi dolorosa estridencia. El _____5_____ de los trenes se oía a mayor distancia y las montañas se peloteaban con sus silbidos hasta que estos desaparecían diluyéndose en ecos cada vez más lejanos, para terminar en una resonancia tenue e imperceptible. A veces, las nubes se _____6_____ a las montañas y las crestas de estas emergían como islotes solitarios en un revuelto y caótico océano gris.

En el verano, las tormentas no _____7_____ a escapar del cerco de los montes y, en ocasiones, no cesaba de tronar en tres días consecutivos.

Pero el pueblo ya estaba preparado para estos accesos. Con las primeras gotas salían a relucir las almadreñas y su «cluac-cluac», rítmico y monótono, se escuchaba a toda hora en todo el valle, mientras persistía el _____8_____. A juicio de Daniel, el Mochuelo, era en estos días, o durante las grandes nevadas de Navidad, cuando el valle encontraba su adecuada fisonomía. Era, el suyo, un valle de precipitaciones, húmedo y triste, melancólico, y su languidez y apatía características desaparecían con el sol y con los horizontes dilatados y azules.

Para los tres amigos, los días de lluvia encerraban un encanto preciso y peculiar. Era el momento de los proyectos, de los recuerdos y de las recapacitaciones. No creaban, _____9_____; no accionaban, asimilaban. La charla, a media voz, en el _____10_____ del Mochuelo, tenía la virtud de evocar, en este, los dulces días invernales, junto al hogar, cuando su padre le contaba la historia del profeta Daniel o su madre se reía porque él pensaba que las vacas lecheras tenían que llevar cántaras.

Sentados en el _____11_____, divisando la carretera y la vía férrea por el pequeño ventanuco frontal, Roque, el Moñigo; Daniel, el Mochuelo; y Germán, el Tiñoso, _____12_____ sus proyectos.

Miguel Delibes
El camino

1.	**a)** cuerpo	**b)** patas	**c)** piernas
2.	**a)** vedados	**b)** pastoreos	**c)** pastos
3.	**a)** desligados	**b)** desleídos	**c)** deslindados
4.	**a)** restallaban	**b)** restregaban	**c)** resbalaban
5.	**a)** berreo	**b)** ladrido	**c)** jadeo
6.	**a)** agarraban	**b)** suspendían	**c)** erguían
7.	**a)** daban	**b)** acertaban	**c)** venían
8.	**a)** bochorno	**b)** vendaval	**c)** temporal
9.	**a)** rumiaban	**b)** engullían	**c)** carcomían
10.	**a)** pajar	**b)** redil	**c)** pesebre
11.	**a)** zarzal	**b)** caño	**c)** heno
12.	**a)** zurcían	**b)** bordaban	**c)** hilvanaban

PISTAS

- **1-b.** … *todo andaba _____1_____ arriba…* La respuesta correcta es **b**, *patas*. Se trata de una locución adverbial, una expresión fija. Por eso se descartan *cuerpo* y *piernas*.
- **2-c.** … *y hasta los _____2_____ se perdían…* La palabra específica que hace alusión a los campos de hierba para el ganado es *pastos,* opción **c**.
- **3-b.** … *tonos sombríos y opacos, _____3_____ entre la bruma…* Solo la opción **b**, *desleídos,* aporta metafóricamente el significado de desunión o dispersión de *los tonos* que requiere el contexto.
- **4-a.** … *los prados _____4_____ en una reluciente y verde…* Opción **a**. Nueva metáfora o sinestesia con la que se identifica la «explosión» de color con el verbo *restallaban* ('crujir, hacer fuerte ruido'. RAE).
- **5-c.** *El _____5_____ de los trenes.* La opción **c**, *jadeo*, se acerca más al sonido rítmico y apagado que requiere el contexto. Nueva metáfora.
- **6-a.** … *las nubes se _____6_____ a las montañas…* La opción correcta es la **a**, *se agarraban*. La preposición *a* que rige esta palabra impide elegir las opciones *b* y *c*: *se suspendían (de)* y *se erguían (Ø o en)*.
- **7-b.** … *tormentas no _____7_____ a escapar.* Opción **b**. El significado de *lograr, atinar,* que es una de las acepciones del verbo *acertar,* es la clave para descartar las otras opciones en esta perífrasis.
- **8-c.** … *mientras persistía el _____8_____.* Por el contexto lo correcto es la opción **c**, *temporal*. Nuevo término específico que comparte solo parte del significado con las otras dos opciones, que también se refieren a fenómenos meteorológicos.
- **9-a.** *No creaban, _____9_____.* Opción **a**, *rumiaban. S*egún la 2.ª acepción del verbo *rumiar* (RAE), coloquialmente: 'Considerar despacio y pensar con reflexión y madurez algo', significado que no poseen los otros dos términos.
- **10-a.** … *en el _____10_____ del Mochuelo…* Opción **a**, *pajar.* La lógica del contexto nos hace excluir el *redil* ('lugar vallado para el ganado') y el *pesebre* ('comedero para animales') como lugares adecuados para charlar.
- **11-c.** *Sentados en el _____11_____.* Opción **c**, *heno*. También en este caso la lógica de la situación nos hace desestimar *zarzal* ('lugar de plantas con espinas') y *caño* ('tubo por donde sale el agua de una fuente') como sitios para sentarse.
- **12-c.** … *el Tiñoso, _____12_____ sus proyectos.* Opción **c**, *hilvanaban*. La 2.ª acepción de la RAE. ('Enlazar o coordinar ideas, frases o palabras') aporta un significado adecuado al contexto, que no contienen los términos *zurcían y bordaban,* con los que *hilvanaban* solo comparte el ser un tipo de costura.

DESCRIPCIÓN DE LA TAREA 2

- En esta tarea hay que **reconstruir la estructura de textos extensos** e identificar las relaciones que existen entre sus ideas.

- La tarea consta de 6 ítems y consiste en **completar un texto** al que se le han extraído 6 párrafos. Se trata de situar cada fragmento en su lugar correcto. Se ofrece un párrafo más que no corresponde a este texto.

- Los textos son de extensión media (entre 550 y 650 palabras) y pueden ser descriptivos, narrativos, expositivos referidos al pasado o al futuro, sobre temas de ámbito público, profesional o académico: artículos de prensa, *blogs*, cuadernos de viaje, cuentos…

CARACTERÍSTICAS DE LA TAREA 2

- En esta tarea se mide la capacidad de reconocer **la estructura** de los distintos tipos de textos y los elementos que les proporcionan **coherencia** y **cohesión.**

- Para realizar esta prueba hay que tener en cuenta: la **progresión temática** y las **relaciones lógicas** internas; el uso de conectores, demostrativos, adverbios, pronombres; los tiempos verbales; las relaciones sintácticas, ortográficas, léxicas, etc., existentes entre los fragmentos…; así como las figuras literarias: repeticiones, paralelismos… que pueden condicionar su estructura.

TAREA 2

A continuación va a leer un texto del que se han extraído seis párrafos. Después, lea los siete párrafos propuestos, a)-g), y decida en qué lugar del texto, 13-18, hay que colocar seis de ellos. Cuidado, hay un párrafo que no tiene que elegir.

Un partido entre Dionisos y Apolo

El origen de la tragedia nace de la pelea entre los dioses Apolo y Dionisos, de la que se deriva toda la filosofía griega, según Nietzsche. Desde la tribuna de una cancha de tenis, mientras Federer y Nadal disputan la final agónica de un Gran Slam, Nietzsche podría explicar esta lección. **13.** _____ Solo en casos muy excelsos Apolo y Dionisos se ponen de acuerdo en regalar sus fuerzas contrarias a un solo héroe para que disuelva en ellas su individualidad, siendo puro y orgiástico al mismo tiempo. Decidir quién de estos dos tenistas merece semejante don, he aquí el origen de la tragedia.

Juega Roger Federer. El tenis parece un deporte fácil, elegante, mesurado, que no genera sudor alguno ni requiere ningún esfuerzo especial. La raqueta golpea de forma listada, metódica, y de ella sale la pelota volando a una velocidad ingrávida hacia un punto exacto, solo con la fuerza necesaria, fuera del alcance del adversario. Juega Rafa Nadal. **14.** _____

Rafa Nadal es un zurdo artificial. Con la derecha come, escribe, lanza al público la muñequera y firma en la pantalla sus victorias. La ventaja que de niño le daba jugar con la zurda hoy se ha convertido en un *hándicap* grave en las pistas rápidas de cemento. Su saque carece de fuerza suficiente para ser un golpe determinante, pero esa dificultad es su estímulo y Dionisos le cede muchas veces el propio brazo a cambio de un gemido. Hace unos años, el adolescente Nadal vestía en la pista pantalones de pirata y tenía una mirada obsesiva de guerrero apache.

15._____

En sus inicios, el Federer adolescente comenzó rompiendo raquetas sin poder dominar la cólera. A cada derrota le seguía un llanto. **16.** _____ Parece imposible alcanzar esa suavidad mortal, matemática en cada golpe, sin despeinarse, sin ninguna crispación, pero el don apolíneo de Federer necesita una pista rápida y cubierta, con el espacio bajo control, a salvo de cualquier polvareda de tierra, para que la perfección platónica y pura que se deriva de las esferas no encuentre ninguna distorsión entre la mente del héroe y su raqueta. Solo aquella vez en que Federer perdió el Gran Slam de Australia contra Nadal y no pudo evitar las lágrimas se supo que Dionisos tampoco andaba lejos.

17. _____ Apolo es el don de la claridad, pero Dionisos posee el espíritu de la tierra, por eso en la pista de tierra Nadal todavía es invencible.

18. _____ Apolo y Dionisos, según la lección de Nietzsche sobre la tragedia.

Manuel Vicent
www.elpais.com

FRAGMENTOS

a)

El tenis parece un deporte sobrehumano, propio de un atleta explosivo. Cada golpe imposible, más allá de toda medida, va acompañado de un grito de dolor o tal vez de placer orgásmico. Nadal suda. No importa. El sudor de Nadal es su corona.

b)

Con estos dos tenistas puede fabricarse el héroe perfecto: Federer aporta la coordinación y la facilidad; Nadal, la mentalidad y el sacrificio; la helada Suiza de los sentimientos envasados frente al Mediterráneo lleno de naturalidad.

c)

Federer encarna lo apolíneo, que es ese lado platónico del espíritu, donde se genera el equilibrio, la forma y la medida; en cambio, Nadal representa lo dionisíaco, la parte socrática que expresa la pasión, el exceso y el instinto.

d)

Ese Nadal duro, agónico, resistente, que antes de cada saque se tira del pantalón y se mete la greña dentro de la sudadera como dos gestos rituales con que invoca a su dios, somete a sus fieles al sacrificio de compartir su esfuerzo y su sufrimiento hasta llegar a la explosión de la victoria como una orgía dionisiaca.

e)

Por ello nos sorprendemos cuando uno de estos extraordinarios jugadores consiguen batir algunos de los récords históricos. Nos sorprende su constancia casi tanto como a los filósofos más escépticos les sorprendía que siguiera saliendo el sol cada día. Desde luego que hacer pronósticos tan a la ligera no es propio de alguien que sepa algo de este deporte.

f)

Sus entrenadores sucesivos lo sometieron a una doma y su desequilibrio fue corregido a tiempo hasta alcanzar la serenidad del héroe frío incapaz de mostrar ninguna pasión. Su juego perfecto lleva a la admiración.

g)

Sus ojos concentrados expresaban una disposición a resistir la adversidad a cualquier precio hasta la agonía solo con la mente. Ante el saque mortal del adversario, Nadal todavía parece mirarse hacia dentro de sí mismo, pendiente de su cerebro más que del azar de la pelota.

PISTAS

- **13-c.** *Federer encarna lo apolíneo… Nadal representa lo dionisíaco.* En este párrafo se describe a Federer y Nadal, respectivamente, con palabras derivadas de los términos *Apolo* y *Dionisos* que aparecen citados al principio del artículo.
- **14-a.** La clave de este ítem está en una figura de repetición con la que se estructura el segundo párrafo: *Juega Roger Federer. El tenis parece un deporte fácil…* En el párrafo extraído se dice sobre Nadal: El tenis parece *un deporte sobrehumano…*
- **15-g.** La solución de este ítem está relacionada con los tiempos verbales: el autor pasa en el tercer párrafo del presente (*Su saque carece de fuerza)* al pretérito imperfecto: (*Hace unos años, el adolescente Nadal vestía…*). El mismo tiempo verbal con el que empieza el fragmento *g*: *Sus ojos concentrados expresaban…*
- **16-f.** En esta parte del artículo se escribe sobre el pasado del tenista suizo: el *Federer adolescente comenzó rompiendo…* En el fragmento *f* se sigue hablando de su pasado en el mismo tiempo verbal (pretérito perfecto simple)*: su desequilibrio fue corregido.*
- **17-d.** La solución de este ítem está relacionada con la estructura del artículo: en el párrafo anterior se ha hablado de Federer y ahora corresponde el turno a Nadal. Además, después del fragmento extraído *d*: *Ese Nadal duro, agónico, resistente…* hay una frase en el artículo: *pero Dionisos posee el espíritu de la tierra, por eso en la pista de tierra Nadal todavía es invencible,* que puede ser una digna síntesis del elogio anterior.
- **18-b.** En la conclusión o cierre del artículo hay un momento en que aparecen los dos tenistas juntos, no de forma alternativa o contrapuesta como en el resto. En este párrafo *b*: *Con estos dos tenistas puede fabricarse el héroe perfecto…* el autor une a los dos tenistas elevándolos a una dimensión superior.
Se descarta el párrafo *e*.

DESCRIPCIÓN DE LA TAREA 3

- Esta tarea consiste en **encontrar información específica y relevante en textos breves** (100-150 palabras) relacionados con el ámbito académico.

- En esta tarea se ofrecen **8 ítems,** cuyos **enunciados deben relacionarse con su texto** correspondiente.

- Al haber 8 ítems y 6 textos, dos de los textos tienen que ser elegidos dos veces.

CARACTERÍSTICAS DE LA TAREA 3

- En esta prueba se mide la capacidad de extraer **información específica y detallada** de textos de ámbito académico.

- Los textos suelen tratar sobre un **tema común**. Algunos pueden ofrecer contenidos muy similares. **El léxico** suele ser muy **especializado**.

- Se recomienda hacer una **lectura muy pormenorizada**, ya que los enunciados pueden referirse a aspectos muy precisos y concretos de los textos.

- En la redacción de los enunciados se suele **evitar dar informaciones o pistas** que puedan facilitar la tarea. Por ello se recurre a resúmenes o parafraseados de ideas, reformulaciones, rodeos perifrásticos, sinónimos, antónimos, metonimias…

TAREA 3

A continuación va a leer seis noticias sobre la dieta mediterránea, a)-f), y ocho enunciados, 19-26. Marque a qué reseña corresponde cada enunciado.
Recuerde que hay textos que deben ser elegidos más de una vez.

a) *La dieta mediterránea Patrimonio Cultural Inmaterial de la Humanidad*

Un comité de la UNESCO ha decidido incluir la dieta mediterránea en la Lista del Patrimonio Cultural Inmaterial de la Humanidad en noviembre de 2010. La candidatura fue presentada conjuntamente por España, Grecia, Italia y Marruecos. Según la Unesco, «la dieta mediterránea es un conjunto de competencias, conocimientos, prácticas y tradiciones relacionadas con la alimentación humana, que van desde la tierra a la mesa, abarcando los cultivos, las cosechas y la pesca, así como la conservación, transformación y preparación de los alimentos y, en particular, el consumo de estos». Los ingredientes principales de esta dieta son: «el aceite de oliva, los cereales, las frutas y verduras frescas o secas, una proporción moderada de carne, pescado y productos lácteos, y abundantes condimentos y especias, cuyo consumo en la mesa se acompaña de vino o infusiones, respetando siempre las creencias de cada comunidad». Además, la dieta mediterránea no comprende solamente la alimentación, sino que es «un elemento cultural que propicia la interacción social».

Adaptado de www.muyinteresante.es

b) *El pescado podría reducir el riesgo de diabetes*

Se ha publicado un estudio realizado por Mercedes Sotos Prieto, investigadora de la Universidad de Valencia, cuyo objetivo es conocer el patrón de consumo de carne y pescado, así como sus correlaciones con la dieta mediterránea y su asociación con factores de riesgo cardiovascular. Las conclusiones del estudio, realizado a 945 personas, establecen que el consumo de pescado se asocia a una menor presencia de diabetes y a una menor concentración de glucosa, mientras que la carne roja se asocia a mayor peso y tendencia a la obesidad. A pesar de que es un estudio transversal que no determina una relación causal, son varios los estudios que coinciden en que el consumo de pescado, sobre todo pescados azules, se relaciona con un menor riesgo de diabetes de tipo 2, ya que el aumento de omega 3 en las células del músculo esquelético mejora la sensibilidad a la insulina.

Adaptado de www.elblogdelmar.com

c) *Dieta mediterránea: nueva pirámide alimentaria*

La dieta mediterránea renueva su pirámide con interesantes sugerencias y consejos: realizar ejercicio físico, comer en familia, cuidar nuestras horas de descanso y consumir productos y alimentos locales. Además, recomienda incluir a diario verduras y frutas (al menos cinco piezas al día), cereales, productos lácteos (mínimo dos raciones al día de yogur o queso bajo en grasas), y beber mucha agua, fuente de hidratación de nuestro organismo y de nuestra piel (entre litro y medio y dos litros al día). Tampoco deben faltar los frutos secos, las aceitunas, las infusiones y, por supuesto, el aceite de oliva, uno de los ingredientes estrella de esta dieta. Se queda fuera de la pirámide alimentaria, por consenso internacional, el vino, mientras que sube el consumo de carne (para equilibrarse con el pescado) y baja el de patatas. Y la dieta también se fija, y mucho, en la preparación de los alimentos. Cocinar es un placer, y a ello debemos dedicarle tiempo.

Adaptado de www.ellahoy.es

d) *El aceite de oliva ayuda a prevenir el cáncer*

El investigador Eduardo Escrich de la Universidad Autónoma de Barcelona ha asegurado en Santander que el aceite de oliva ayuda a prevenir el cáncer y a que la enfermedad avance más lentamente. Explicó que estudios recientes han demostrado que frena la proliferación celular y genera cambios en la célula del tumor, que le llevan a morirse, en un proceso denominado *apoptosis*. El investigador agregó que pruebas clínicas realizadas en personas que siguen una dieta basada en el aceite de oliva demuestran que los tumores que tienen son de menor grado de malignidad. Además, invitó a un consumo moderado de 50 mililitros al día -el equivalente a 4 o 6 cucharadas soperas- bien sea en crudo o cocinado, y subrayó la importancia de la calidad del producto, porque únicamente el virgen extra tiene todos los componentes beneficiosos. Finalmente, insistió en que es fundamental que se mantenga el consumo del aceite de oliva durante toda la vida.

Adaptado de www.uimp.es

e) *Envejecimiento cerebral y vino*

El vino es un elemento de nuestra cultura, de nuestro paisaje, de nuestros rituales festivos y de nuestra tradición gastronómica familiar. La relación vino y cerebro resulta apasionante. Los hábitos de vida intervienen de una manera decisiva en el mantenimiento de la actividad cerebral. Según diversos estudios, el entrenamiento cognitivo puede enlentecer significativamente el proceso de deterioro mental; este concepto denominado *neuroplasticidad* es de suma importancia en la prevención de la demencia. El consumo moderado de vino durante las comidas, especialmente de vino tinto, previene diversas patologías asociadas al envejecimiento por su elevado contenido en resveratrol y otros polifenoles. Diversos estudios epidemiológicos parecen demostrar que un consumo moderado de vino previene la aparición de la enfermedad del Alzheimer, cuando se compara con el consumo de bebidas como la cerveza o con otras bebidas alcohólicas.

Adaptado de www.elecodejumilla.es

f) *La Fundación Dieta Mediterránea llama a recuperar el consumo de pan*

El pan es saludable, nutritivo, no engorda y forma parte de la historia, tradición y cultura gastronómica mediterránea, por lo que es un alimento que debe figurar en todas las comidas diarias, según la Fundación de la Dieta Mediterránea. Amparándose en esta afirmación y para atajar falsos mitos y el desconocimiento de sus propiedades nutritivas, más de 8 200 panaderías de Cataluña participan en la campaña «Pan cada día». El presidente de la Fundación Dieta Mediterránea, Lluis Serra, ha explicado que «la variedad de nutrientes en forma de hidratos de carbono, proteínas, ácidos grasos esenciales, vitaminas y minerales, hacen del pan un alimento que tiene que formar parte de toda alimentación saludable». Los expertos recomiendan un consumo diario de entre 220 y 250 gramos de pan repartidos en las diferentes comidas para una dieta sana y equilibrada.

www.abc.es

PREGUNTAS

19. En esta noticia se hace referencia a un alimento que puede consumirse, si se quiere, sin cocinar.

a)	b)	c)	d)	e)	f)

20. En este texto se ofrece una serie de alimentos saludables entre los que se destaca uno en particular.

a)	b)	c)	d)	e)	f)

21. Según esta noticia, cierta sustancia de algunos alimentos nos aleja de posibles daños metabólicos.

a)	b)	c)	d)	e)	f)

22. Los efectos saludables del alimento que se menciona en esta noticia están relacionados directamente con la pureza en su proceso de elaboración.

a)	b)	c)	d)	e)	f)

23. En esta noticia se hace mención a un alimento sobre el que existen ideas equivocadas.

a)	b)	c)	d)	e)	f)

24. En este texto se habla de un estudio que tiene como objetivo conocer ciertas pautas de alimentación y sus posibles efectos en el aparato circulatorio.

a)	b)	c)	d)	e)	f)

25. En esta noticia se hace mención a ciertos alimentos cuyo consumo depende de las costumbres y convicciones que tengan las personas.

a)	b)	c)	d)	e)	f)

26. Según esta noticia, el consumo sin exceso de este alimento retarda las dolencias asociadas al deterioro propio de la edad.

a)	b)	c)	d)	e)	f)

Anote el tiempo que ha tardado:

Recuerde que solo dispone de **60 minutos**

PISTAS

- **19-d.** Este texto se refiere al aceite de oliva y en él se dice … *bien sea en crudo o cocinado…*, frase que es equivalente al enunciado: *el alimento que puede consumirse, si se quiere, sin cocinar* ('crudo').

- **20-c.** El texto dice: … *el aceite de oliva, uno de los ingredientes estrella* (RAE. Estrella, 'en aposición' … lo más destacado en su género) *de esta dieta*. En el enunciado se sustituye la palabra *estrella* por un término relacionados con su definición: … *una serie de alimentos… se destaca uno en particular.*

- **21-b.** En el texto b se menciona el consumo de pescados azules cuyo contenido en *omega 3, se relaciona con un menor riesgo de diabetes de tipo 2…* Información similar al enunciado que habla sobre *cierta sustancia* (omega 3) *de algunos alimentos* (pescados azules) *nos aleja* (menor riesgo) *de posibles daños metabólicos* (diabetes tipo 2).

- **22-d.** En la noticia aparece: únicamente el virgen extra (RAE. Aceite virgen, 'el que sale de la aceituna por primera presión en el molino, y sin los repasos en prensa con agua caliente') *tiene todos los componentes beneficiosos.* El enunciado dice: *Los efectos saludables* (beneficiosos) *del alimento* (aceite)… *están relacionados con la pureza en su proceso de elaboración* (virgen extra, según se desprende de la definición de la RAE).

- **23-f.** Vemos en el texto: *El pan es saludable, nutritivo, no engorda. Y… para atajar falsos mitos.* En la noticia se desmiente la idea generalizada de que el pan engorda. Por eso, en el enunciado se dice: … *un alimento sobre el que existen ideas equivocadas*.

- **24-b.** En el texto se habla de un estudio: … cuyo *objetivo es conocer el patrón de consumo de carne y pescado, … y su asociación con factores de riesgo cardiovascular*. Y en el enunciado:… *un estudio … objetivo conocer … pautas de alimentación* (patrón de consumo) *y sus posibles efectos* (factores de riesgo) *en el aparato circulatorio* (cardiovascular).

- **25-a.** Según la noticia se habla de alimentos: *cuyo consumo en la mesa se acompaña de vino o infusiones, respetando siempre las creencias de cada comunidad.* Y en el enunciado: … *ciertos alimentos* (vino o infusiones) *cuyo consumo depende de las costumbres* (vino) *y convicciones* (no consumo de vino según creencias) *que tengan las personas* (cada comunidad).

- **26-e.** Vemos en el texto: *previene diversas patologías asociadas al envejecimiento.* Y en el enunciado: *retarda* (previene) *las dolencias* (patologías) *asociadas al deterioro propio de la edad* (envejecimiento).

DESCRIPCIÓN DE LA TAREA 4

- Esta tarea consiste en **seleccionar las cinco frases que resumen el contenido del texto auditivo.** Muchas veces las diferencias entre las oraciones correctas e incorrectas son sutiles, con variaciones entre sinónimos y antónimos, perífrasis, conectores, etc.

- **La tarea dura lo que dura el audio, la escuchará dos veces.** Antes de escucharlo, **tiene un minuto y cuarto para leer las frases.** Tenga en cuenta que muchas veces el orden de las preguntas no es el orden del audio. Por eso es importante leerlas muy bien antes de escucharlo.

TAREA 4

A continuación, va a escuchar una noticia radiofónica sobre la biodiversidad y el papel del lince ibérico en la misma. Deberá elegir las cinco opciones que resumen la conferencia entre las doce que aparecen, a)-l). Escuchará la audición dos veces.

Dispone de un minuto y cuarto para leer las opciones.

OPCIONES

---

a) Los linces que viven en el campo, sin control, están más desprotegidos ante peligros externos.

b) Muchos ejemplares de linces libres tienen un parentesco próximo.

c) Los linces en libertad necesitan áreas pequeñas para que haya población suficiente como para ser viables biológicamente.

d) Miguel Delibes no admira a los linces porque son poco hábiles.

e) Los linces no tienen buenas relaciones con los otros animales y eso les hace sentirse seguros ante los peligros.

f) Doñana es un terreno más áspero y agreste que hace años.

g) Es un hecho no explicable que Doñana se mantenga en tan buenas condiciones actualmente.

h) Doñana es hermética ante los problemas del exterior del parque.

i) Los pesticidas usados ilegalmente en Doñana repercuten en la conservación del lince.

j) En la actualidad existe una influencia negativa sobre Doñana muy grande.

k) Se ha roto una lanza por la conservación de la biodiversidad de Doñana.

l) El lince es un emblema de Doñana.

Señale por orden las opciones elegidas.

27	28	29	30	31

P I S T A S

Las frases que resumen el texto son las siguientes:

- **27-a.** Los linces que viven en el campo, sin control, están más desprotegidos ante peligros externos. *(1 en la transcripción)*
  Esta frase es correcta porque en el texto dicen que «el problema principal del lince es el de la libertad, porque la cautividad es un poco una especie de bote salvavidas». Los linces que viven en libertad = que viven en el campo, sin control.
- **28-b.** Muchos ejemplares de linces libres tienen un parentesco próximo. *(2 en la transcripción)*
  En esta frase la clave está en «parentesco próximo», pues según la RAE «consanguinidad» significa: 'Parentesco próximo y natural de una o más personas que tienen un mismo antepasado'.
- **29-e.** Los linces no tienen buenas relaciones con los otros animales y eso les hace sentirse seguros ante los peligros. *(3 en la transcripción)*
  En el texto se dice que: «Son un poco chulos y como tienen pocos enemigos en el campo, pues no se fijan y cruzan la carretera».
- **30-g.** Es un hecho no explicable que Doñana se mantenga en tan buenas condiciones actualmente. *(4 en la transcripción)*
  Según la RAE, «milagro» significa: 'Hecho no explicable por las leyes naturales y que se atribuye a intervención sobrenatural de origen divino'.
- **31-j.** En la actualidad existe una influencia negativa sobre Doñana muy grande. *(5 en la transcripción)*
  Según la RAE, la palabra «presión» que aparece en el texto significa: 'Fuerza o coacción que se hace sobre una persona o colectividad'.

Las otras frases no resumen el texto porque:
- **c.** Los linces en libertad necesitan áreas pequeñas para que haya población suficiente como para ser viables biológicamente. *(6 en la transcripción)*
  En el texto se dice que «(los linces libres) necesitan <u>áreas extensas</u> para que haya población suficiente como para ser viables biológicamente». Es decir, lo contrario.
- **d.** Miguel Delibes no admira a los linces porque son poco hábiles. *(7 en la transcripción)*
  Miguel Delibes dice que <u>admira a los linces independientemente de que sean torpes.</u>
- **f.** Doñana es un terreno más áspero y agreste que hace años. *(8 en la transcripción)*
  En el texto leemos: «Doñana ahora es <u>menos salvaje</u> que hace 30 o 40 años». La palabra «salvaje» significa: 'Áspero, montuoso, agreste'. La clave está en «más/menos».
- **h.** Doñana es hermética ante los problemas del exterior del parque. *(9 en la transcripción)*
  Según la RAE, uno de los significados de «impermeable» es «hermético» ('que no deja entrar'). En el texto se dice que Doñana <u>no es</u> impermeable a los problemas exteriores.
- **i.** Los pesticidas usados ilegalmente en Doñana repercuten en la conservación del lince. *(10 en la transcripción)*
  Los pesticidas, según el texto, no se usan en Doñana, sino fuera del parque, aunque «Todo <u>esto no se hace en Doñana</u>, sino fuera».
- **k.** Se ha roto una lanza por la conservación de la biodiversidad de Doñana. *(11 en la transcripción)*
  En el texto se lee: «Doñana ha sido <u>una punta de lanza</u> de la conservación de la biodiversidad». La diferencia radica en «romper una lanza» ('salir en defensa de') o «ser una punta de lanza» ('hábil, pionero').
- **l.** El lince es un emblema de Doñana. *(12 en la transcripción)*
  Miguel Delibes de Castro dice que «el lince es un emblema, una bandera <u>de la naturaleza</u>», no de Doñana.

Preparación Diploma de Español (Nivel C2)

DESCRIPCIÓN DE LA TAREA 5

- La tarea 5 consiste en **seleccionar** de entre una batería de frases (15) cuáles **dice el hombre,** cuáles **la mujer** o cuáles **ninguno** de los dos.
- Se trata de captar las intenciones, implicaciones o consecuencias de textos auditivos de menos de 800 palabras.
- Para la realización de esta tarea **dispone de un minuto para leer las preguntas antes de escuchar el audio dos veces.** Le recomendamos que lea las frases detenidamente, pues es muy importante captar los pequeños matices para resolver la actividad con éxito: sinónimos y antónimos, frases hechas, perífrasis, conectores, conjunciones, etc.
- Tenga en cuenta que el hecho de que haya 15 frases no significa que haya 5 de cada una de las posibilidades, pues el hombre puede haber dicho 4; la mujer, 8 y ninguno, 3 de ellas.

CD II

TAREA 5

Pista 10

A continuación va a escuchar a dos personas que participan en un debate televisivo sobre el tema del jamón. Después deberá marcar qué ideas expresa el hombre (H), cuáles la mujer (M) y cuáles ninguno de los dos (N) entre las 15 frases que aparecen 32-46. Escuchará la audición dos veces.

Dispone de un minuto para leer las frases.

OPCIONES

	H	M	N
32. En el extranjero se sabe apreciar el valor de nuestro jamón.			
33. La herencia y la comida de los cerdos hacen que se diferencien ciertas calidades o tipos de jamón.			
34. La parte adiposa del jamón ibérico da un gusto especial a la parte sin grasa.			
35. El cerdo es una especie autóctona de la península ibérica.			
36. El ejercicio físico en época de montanera es fundamental en el cerdo ibérico.			
37. El fruto de la encina y del roble combinado con la genética del cerdo hace que el jamón tenga mayor calidad.			
38. Hay distintos tipos de jamón dependiendo de lo que comen los cerdos.			
39. De los cerdos que viven en establos se obtiene jamón de cebo.			
40. El jamón de Teruel, mezcla de cerdo común y de un tipo de cerdo negro duro, tiene una cierta calidad.			
41. El cerdo de cebo de campo vive estabulado, pero se alimenta también de bellotas.			
42. Al cerdo de recebo se le da un suplemento de alimento seco.			
43. El cerdo de bellota se alimenta toda su vida de este fruto.			
44. Los jamones gran reserva necesitan un mayor tiempo de reposo antes de consumirse.			

45. Hay jamones que no son de bellota, que pueden ser muy buenos, además de ser más baratos.			
46. Cuando un jamón no se consume en un determinado tiempo, carece de la humedad necesaria.			

PISTAS

El HOMBRE dice las siguientes frases:

- **33-H.** La herencia y la comida de los cerdos hacen que se diferencien ciertas calidades o tipos de jamón. *(1 en transcripción)*: «...diferencia, por supuesto, por parte de la genética y por parte de la alimentación».

- **34-H.** La parte adiposa del jamón ibérico da un gusto especial a la parte sin grasa. *(2 en transcripción)* Según la RAE: tocino = 'Panículo adiposo que...'.

- **40-H.** El jamón de Teruel, mezcla de cerdo común y de un tipo de cerdo negro duro, tiene una cierta calidad. *(3 en transcripción)*: «El jamón de Teruel, que es de cerdo blanco cruzado con el verraco, de color negro también, aunque no es ibérico, creemos que es un jamón muy digno...».

- **45-H.** Hay jamones que no son de bellota, que pueden ser muy buenos, además de ser más baratos. *(4 en transcripción)*: «puede haber un jamón a un precio asequible que también sea de muy buena calidad».

La MUJER dice las siguientes frases:

- **32-M.** En el extranjero se sabe apreciar el valor de nuestro jamón. *(5 en transcripción)*: «que valoramos no solo aquí en España sino también en los mercados exteriores».

- **38-M.** Hay distintos tipos de jamón dependiendo de lo que comen los cerdos. *(7 en transcripción)*: «Según la alimentación del cerdo se distinguen diferentes calidades».

- **39-M.** De los cerdos que viven en establos se obtiene jamón de cebo. *(8 en transcripción)*: «... el cebo, un cerdo que ha sido estabulado intensivamente...».

- **42-M.** Al cerdo de recebo se le da un suplemento de alimento seco. *(9 en transcripción)*: «...se le ha rematado o suplementado con pienso».

- **44-M.** Los jamones gran reserva necesitan un mayor tiempo de reposo antes de consumirse. *(10 en transcripción)*: «... exigen una curación más larga».

- **46-M.** Cuando un jamón no se consume en un determinado tiempo, carece de la humedad necesaria. *(11 en transcripción)*: «No caduca sino simplemente se vuelve más seco».

NINGUNO de los dos dice las siguientes frases:

- **35-N.** El cerdo es una especie autóctona de la península ibérica. *(12 en transcripción)*: «El cerdo ibérico es una raza totalmente distinta autóctona de la península ibérica».

- **36-N.** El ejercicio físico en época de montanera es fundamental en el cerdo ibérico. *(13 en transcripción)*: «Aparte de eso la montanera y la bellota reportan una característica especial, además del ejercicio físico que hace».

- **37-N.** El fruto de la encina y del roble combinado con la genética del cerdo hace que el jamón tenga mayor calidad. *(6 en transcripción)*: «vida en el campo, ese ejercicio y esa dieta a base de bellotas tiene ese grado extra de calidad»

- **41-N.** El cerdo de cebo de campo vive estabulado, pero se alimenta también de bellotas. *(14 en transcripción)*: «Es un cerdo que ha estado en el campo, pero se ha alimentado con pienso».

- **43-N.** El cerdo de bellota se alimenta toda su vida de este fruto. *(15 en transcripción)*: «Es el cerdo que en la época que dura la montanera, que no es durante toda la vida, sino en la última fase de [...], se alimenta de ellas exclusivamente».

DESCRIPCIÓN DE LA TAREA 6

- Esta tarea consiste en **comprender e identificar datos específicos en debates o entrevistas** del ámbito público o profesional.

- Los textos pueden ser: debates, entrevistas, reuniones… sobre temas complejos, extraídos de radio o televisión de entre 800 y 900 palabras.

- La tarea consiste en seleccionar **a**, **b** o **c** en cada una de las 6 preguntas. Debe tener en cuenta que las preguntas pueden no ir en el mismo orden que el audio.

- Para la realización de esta tarea y al igual que en las anteriores, **dispone de un minuto para leer las preguntas antes de escuchar el audio dos veces.**

- Le recomendamos de nuevo que lea las frases detenidamente, pues es muy importante captar los pequeños matices para resolver la actividad con éxito: sinónimos y antónimos, frases hechas, perífrasis, conectores, conjunciones, etc.

CD II

Pista 11

TAREA 6

A continuación va a escuchar una entrevista a Miguel Ángel Bárzola, exalbañil y atleta argentino clasificado para las olimpiadas de Londres. Después, seleccione la opción correcta, a), b) o c), para contestar a las preguntas, 47-52. Escuchará la entrevista dos veces.

Dispone de un minuto para leer las preguntas.

PREGUNTAS

---

47. En esta entrevista se dice que:
   a) Miguel acaba de llegar de Holanda de una competición.
   b) El progenitor de Miguel está muy contento de que su hijo sea albañil.
   c) Miguel se ha dedicado a correr toda su vida porque era algo que le encantaba hacer.

48. En esta entrevista escuchamos que:
   a) En la familia de Miguel hay algunos deportistas.
   b) A Miguel se le altera el ánimo al escuchar las palabras del entrevistador a su padre.
   c) En Argentina se puede vivir del atletismo.

49. Miguel cuenta que:
   a) Cuando era un adolescente dejó la escuela.
   b) Era albañil porque su padre lo obligó.
   c) En realidad quería ser futbolista.

50. Miguel afirma que:

   a) Corrió mucho hasta conseguir entrar en el Club Sudamericano.

   b) No siente pesar por ningún hecho de su vida.

   c) Empezó a correr por la crisis económica de Argentina.

51. En la entrevista se cuenta que:

   a) Miguel tuvo problemas para participar en campeonatos en su propio país.

   b) Miguel y un amigo compraron dos billetes de avión para ir a España.

   c) El amigo de Miguel consiguió un pasaje para volver a Argentina.

52. El entrevistado dice que:

   a) Fue a España con el objetivo principal de competir.

   b) En Alicante todo el mundo se portó estupendamente.

   c) Nunca le pide a nadie dinero para poder entrenar.

Anote el tiempo que ha tardado:

Recuerde que solo dispone de **105 minutos**

P I S T A S

- **47-c.** En ningún lugar del texto se dice que Miguel haya competido en Holanda **(1 en la transcripción)** ni que el padre del corredor esté contento de que sea albañil **(2 en la transcripción)**, pero sí que correr le encanta y lo ha hecho toda su vida **(3 en la transcripción)**.

- **48-a.** A Miguel se le altera el ánimo cuando oye a su padre, no cuando oye al entrevistador **(4 en la transcripción)**; además en Argentina no se puede vivir del atletismo **(5 en la transcripción)**. Sin embargo, en la familia del entrevistado tanto su padre como sus hermanos se dedican al deporte **(6 en la transcripción)**.

- **49-a.** Miguel dice que a los 13 o 14 años dejó la escuela **(7 en la transcripción)**, pero no que fuera albañil porque su padre lo obligara **(8 en la transcripción)** o que en realidad quisiera ser futbolista **(9 en la transcripción)**.

- **50-b.** Miguel afirma que no siente pesar por ningún hecho de su vida (no se arrepiente) **(10 en la transcripción)**, pero no dice que corriera mucho hasta entrar en el Club Sudamericano **(11 en la transcripción)** ni que empezara a correr por la crisis económica de su país, sino que se fue a España por esa razón **(12 en la transcripción)**.

- **51-a.** Miguel y su amigo juntaron dinero para que el amigo fuera a España primero porque no tenían dinero para dos pasajes **(13 en la transcripción)** y luego le mandó el pasaje no para volver a Argentina sino para venirse para acá, es decir, para ir a España **(14 en la transcripción)**. El corredor sí dice que tuvo problemas para competir en Argentina **(15 en la transcripción)**.

- **52-b.** Miguel vino a España a trabajar, no a competir **(16 en la transcripción)**. No le gusta pedir dinero a nadie en ninguna faceta de su vida **(17 en la transcripción)**. Dice que en Alicante todos se portaron muy bien con él **(18 en la transcripción)**.

PRUEBA 2   E   Destrezas integradas: c. auditiva
y de lectura y expresión e
interacción escritas

DESCRIPCIÓN DE LA PRUEBA 2

- En la prueba 2 se integran destrezas unidas de forma similar a lo que ocurre en la vida real dentro de los ámbitos público, profesional y académico.

- La prueba consta de **3 tareas** de producción escrita y calificación subjetiva.

- Estas tareas se centran en actividades de uso de la lengua, como la comprensión, la expresión la interacción y la mediación.

- El tiempo total de esta prueba es de **150 minutos** (dos horas y media sin interrupción).

http://diplomas.cervantes

DESCRIPCIÓN DE LA TAREA 1

- Esta tarea consiste en **recoger información de distintas fuentes y redactar a partir de ellas un texto** (actas, cartas al director, mensajes electrónicos, informes, reseñas, ensayos, textos didácticos, artículos divulgativos…) de manera clara, detallada y bien estructurada.

- Para la realización de esta tarea usted dispone de un audio y dos o tres textos escritos (1 000 palabras máximo) que abordan un tema desde diferentes puntos de vista.

- Su texto debe tener una extensión de **entre 400 y 450 palabras.**

CARACTERÍSTICAS DE LA TAREA 1

- Tome notas del audio (que escuchará dos veces) y utilice todas las fuentes proporcionadas, seleccionando la información que considere oportuna. A continuación organícela y redacte el texto que se le pida en las instrucciones (en este caso una carta de queja al ayuntamiento de su localidad).

- Al final de los textos 2 y 3 usted dispone de un ejemplo de queja a un ayuntamiento que le puede guiar, pero no debe tomarlo al pie de la letra. Es tan solo una orientación para que pueda empezar a hacer su trabajo. Lo primero que deberá hacer es organizar sus ideas para lo cual es recomendable que haga un esquema previo.

- Utilice vocabulario preciso y claro y cuide la redacción, la ortografía, la gramática y los elementos discursivos. Se valorarán tanto el formato del escrito como el contenido.

- Para superar la tarea se requiere un dominio casi nativo de la forma de escritura en cualquier situación de la vida profesional o personal de un individuo.

150 min Tiempo disponible para las 3 tareas.

TAREA 1

Usted se ha trasladado recientemente a una casa nueva. Sus vecinos son muy ruidosos y cada noche ponen música hasta tarde. Ha intentado solucionar el problema directamente con ellos, sin resultado, por lo que ha consultado diferentes fuentes para ver qué puede hacer y ha decidido escribir una queja al ayuntamiento de su ciudad. Debe escribir esa queja, donde explique su situación y los efectos negativos del ruido sobre la salud. Para su elaboración dispone de una audición de un programa televisivo donde se habla del ruido en una gran ciudad y de diferentes puntos de vista sobre el problema: médico, policial y psicológico, un artículo sobre la creación de una ley sobre el ruido y una información sobre los efectos adversos en la salud de quien está expuesto a este problema.

Va a escuchar la audición dos veces. Tome notas y utilice las tres fuentes proporcionadas, seleccionando la información que considere relevante. A continuación organícela y redacte el informe.

Número de palabras: entre 400 y 500.

CD II

Audición 1   Ruido de fondo

Pista 12

TEXTO 1

Madrid aprueba su ordenanza contra el ruido

Freno al ruido. Aprobada en el pleno municipal de la capital la nueva ordenanza del ruido en Madrid con importantes novedades. Los músicos necesitarán licencia para tocar en la calle, pero además se regulan las alarmas, la carga y descarga y hasta el botellón. El Grupo Municipal Socialista anuncia que recurrirá ante los tribunales la nueva ordenanza contra el ruido porque obliga a los padres a pagar las sanciones que se impongan a sus hijos menores.

5 La delegada de Medio Ambiente ha contestado al Grupo de la oposición que está en su derecho de recurrir la ordenanza, pero que «tiene todos los informes necesarios» y «está basada en dos leyes, la ley del Ruido y la ley de Bases de Régimen Local, que otorga al Ayuntamiento la potestad sancionadora de hasta 3 000 euros».

La ordenanza de Protección contra la Contaminación Acústica y Térmica fue aprobada el 5 de enero por la Junta de Gobierno del Ayuntamiento y el pasado día 15 por la Comisión municipal de Medio Ambiente. A pesar de

10 que aborda numerosos aspectos, el debate se ha centrado en la regulación de las actuaciones musicales en la vía pública, que permite tocar sin autorización municipal previa, salvo cuando se utilicen instrumentos de percusión y medios de amplificación.

El artículo 41 de la ordenanza, acordado con IU, establece que «las actuaciones musicales en la vía o espacios públicos no estarán sometidas a autorización administrativa en lo que se refiere al ámbito de aplicación de esta

15 ordenanza». Ello «sin perjuicio de que no podrán ocasionar molestias que impidan el descanso de los vecinos o el normal desenvolvimiento de las actividades propias del local receptor, ni afectar a los objetivos de calidad acústica que se establezcan por la normativa de ruido».

Precisa, sin embargo, que «no se permitirán en el medio ambiente exterior actuaciones que empleen elementos de percusión, amplificación o de reproducción sonora, salvo aquellas que puedan autorizarse en zonas especialmente

20 delimitadas, previa comprobación de que no produzcan perturbación de la convivencia vecinal».

Multas de entre 300 y 600 euros para el botellón ruidoso

Músicos aparte, la ordenanza sancionará por primera vez, con multas de entre 300 y 600 euros, a quienes causen molestias por ruido al practicar «botellón» en horario nocturno -de 23 a 7 horas-, también en lugares de titularidad privada y uso público.

Esta normativa, que sustituye a la vigente desde 2004 y adapta la legislación estatal en esta materia, prohibirá ex-

25 presamente también el desarrollo de eventos en la vía pública a una distancia inferior a 150 metros de los centros socio-sanitarios, como son centros de mayores, residencias, centros sanitarios y en centros docentes si el acto se desarrolla en horario escolar.

Contempla además la declaración de zonas de protección acústica especial y zonas acústicamente saturadas por ocio e incluye un catálogo de medidas concretas para aplicar como limitaciones a la implantación de nuevos

30 establecimientos de ocio nocturno, horario de cierre anticipado o mayor insonorización de locales, entre otras.

Asimismo, regula cuestiones tan diversas como las alarmas, el uso de megafonía en las calles, obras, carga y descarga de mercancías, recogidas de contenedores de residuos o fiestas particulares.

www.telemadrid.es

Preparación Diploma de Español (Nivel C2)

TEXTO 2

El ruido

Sensación auditiva inarticulada generalmente desagradable. En el medio ambiente, se define como: 'Todo lo molesto para el oído'. Desde ese punto de vista, la más excelsa música puede ser calificada como ruido por aquella persona que en cierto momento desee no oírla.

En el ámbito de la comunicación sonora, se define como ruido: 'Todo sonido no deseado que
5 interfiere en la comunicación entre las personas o en sus actividades'.

Cuando se utiliza la expresión *ruido* como sinónimo de *contaminación acústica*, se está haciendo referencia a un ruido (sonido), con una intensidad alta (o una suma de intensidades), que puede resultar incluso perjudicial para la salud humana. Contra el ruido excesivo se usan tapones para los oídos y orejeras (cascos para las orejas, los cuales contienen un dispositivo electrónico que
10 reduce los dB de los ruidos exteriores, disminuyéndolos o haciendo que su audición sea más agradable), para así evitar la pérdida de audición (que, si no se controla, puede provocar la sordera).

Algunos efectos del ruido sobre la salud:

- Enfermedades fisiológicas: se pueden producir en el trabajo o en ambientes sonoros en torno a los 100 decibelios, algunas tan importantes como la pérdida parcial o total de la
15 audición.

- Enfermedades psíquicas: producidas por exceso de ruido, se pueden citar el estrés, las alteraciones del sueño, disminución de la atención, depresión, falta de rendimiento o agresividad.

- Enfermedades sociológicas: alteraciones en la comunicación, el rendimiento, etc.

20 El estudio del ruido, la vibración y la severidad en un sistema se denomina NVH. Estos estudios van orientados a medir y modificar los parámetros que le dan nombre y que se dan en vehículos a motor, de forma más detallada, en coches y camiones.

Por el contrario, los ruidos son también sonidos simples o complejos, pero disarmónicos y de muy alta intensidad, que generan intolerancia o dolor al oído y una sensación de displacer al individuo.

25 Límites:

Los entornos con más de 65 decibelios (dB) se consideran inaceptables.

En España, los ciclomotores no pueden superar en más de 4 dB el nivel de emisión sonora de su ficha de homologación.

Por debajo de 80 dB el oído humano no presenta alteraciones definitivas. Estos niveles gene-
30 ran molestias pasajeras denominadas *fatiga auditiva,* donde los elementos transductores (oído interno) no sufren problemas definitivos. Cuando la intensidad supera los 90 dB, comienzan a aparecer lesiones irreversibles directamente relacionadas con el grado de exposición y la susceptibilidad personal.

http://es.wikipedia.org

REDACTAR UNA CARTA DE QUEJA A UN ORGANISMO OFICIAL

AYUNTAMIENTO DE VILLAR DEL CAMPO

23 de febrero de 2012

José María Alcázar Pérez
NIF: 68800850-B
Calle del Arroyuelo, 24, 1.° C
27031-Villar del Campo (Badajoz)

Estimados señores:

Me pongo en contacto con ustedes como nuevo vecino de la calle del Arroyuelo de esta localidad por los problemas que a continuación paso a detallar.

Hace dos meses que me trasladé a este barrio y desde ese momento no hemos podido dormir una noche seguida, debido a los continuos ruidos que ocasionan los vecinos de arriba (música alta, golpes, voces…). Tengo además una niña pequeña que se despierta por ese motivo cuatro o cinco veces durante la madrugada y se pone a llorar. Todos estamos ya desquiciados y hemos llegado incluso a pensar en trasladarnos de nuevo.

He intentado hablar con los vecinos en cuestión, pero hacen caso omiso de mis ruegos. También me puse en contacto con el presidente de la comunidad de vecinos, pero se limitó a decirme que ya había otras quejas y que no se había solucionado.

Por todo ello, les pido que tomen medidas al respecto a fin de que se pueda solucionar la situación y podamos seguir viviendo en paz.

Muchas gracias por su atención.

José M. Alcázar

PRESENTACIÓN
- Me pongo en contacto con ustedes como nuevo vecino/residente del barrio/de la calle/del edificio…
- Me llamo… y soy un nuevo vecino/residente de…

NOTIFICAR LA QUEJA Y EXPONER LOS HECHOS
- El motivo de mi carta es informarles de…
- Les escribo para denunciar…
- Hace … meses /años/días…
- Quería manifestarles mis quejas por…
- En varias ocasiones he mostrado mi disconformidad…
- Anteriormente escribía a … para comunicarle…

MOTIVO DE LA CARTA
- A continuación les detallo/hago una relación de los problemas más acuciantes/urgentes:
- Mi problema es el que a continuación paso a detallarles/explicarles:
- Paso a enumerarles los problemas en los que me he visto involucrado:

PEDIR SOLUCIONES
Por todo ello les pido/ruego que…
- subsanen/resuelvan el problema de inmediato para…
- tomen medidas urgentes a fin de…
- actúen con rapidez de modo que…

CARACTERÍSTICAS

Podemos decir que las características primordiales de una carta de queja ante un organismo oficial son:

1. No escriba la queja estando enfadado. Así solo conseguirá que la persona que reciba la carta tenga una actitud negativa.

2. Sea claro en lo que quiere comunicar.

3. Cuide la ortografía y la redacción. Vuelva a leer lo escrito antes de enviarlo.

4. Transmita confianza en su carta. Demuestre que tiene razón, pero sin malos modos o insultos.

5. Infórmese antes de escribir la carta sobre casos similares al suyo.

DESCRIPCIÓN DE LA TAREA 2

- En esta tarea se le ofrece la transcripción literal de un texto oral con las características propias del mismo (repetición, muletillas, hipérbaton, transliteraciones, organización sintáctica subjetiva, etc.) o de la traducción de un traductor automático al español. Usted deberá **transformar ese texto al género y registro indicados** en las instrucciones (una entrada de un *blog*, una noticia breve, una entrada de una enciclopedia o diccionario, etc.).

- El número de palabras exigido en su texto es de **entre 150 y 200.**

- Organice el texto de forma lógica, eliminando los elementos del lenguaje oral o los errores de la traducción automática. El texto puede presentar faltas de ortografía y errores gramaticales. Cuide el vocabulario y la sintaxis.

CARACTERÍSTICAS Y PISTAS PARA LA TAREA 2

- En este caso nos piden que hagamos un dosier con las características fundamentales del aceite de oliva virgen a partir de una entrevista a un experto en el tema.

- Lo primero que tiene que hacer es señalar en el texto las ideas principales:
  - ¿Qué es una marca blanca? ¿Qué problemas o «engaños» podemos tener cuando vamos a comprarlo?
  - ¿Cuáles son las características del aceite de oliva virgen extra?
  - ¿Cómo saber cuándo el aceite es virgen extra?
    - etiqueta
    - responsable de la tienda
    - páginas web
  - ¿Cuáles son los elementos externos que deterioran el aceite virgen extra?
    - luz
    - aire
    - temperatura
  - ¿Qué es la denominación de origen?

- A continuación determinamos cómo organizaremos el texto a partir de las ideas anteriores:
  - ¿Qué es el aceite de oliva virgen extra?
  - ¿Cómo saber cuándo un aceite de oliva es virgen extra?
  - ¿Cómo comprarlo?
  - ¿Cuáles son los elementos negativos para la conservación del aceite de oliva virgen extra?
  - ¿Qué es la denominación de origen?

- Utilice un vocabulario específico:
  - Aceite de oliva (virgen, virgen extra, refinado, de orujo de oliva, de orujo de oliva refinado, de oliva lampante, de oliva)
  - Almazara (molino de aceite)
  - Lampante (aceite virgen muy defectuoso, que por tanto no se puede consumir directamente como los otros vírgenes)
  - Aceituna
  - Olivo/a
  - Denominación de origen

- Redacte el texto.

TAREA 2

Usted ha empezado a trabajar en una empresa aceitera y le han pedido que escriba un dosier con las características principales del aceite de oliva virgen extra.

Para documentarse ha preguntado a un experto en el tema, Fernando Ortega, que le ha respondido por teléfono. Ahora debe reescribir el texto y adaptarlo al lenguaje apropiado para confeccionar el dosier. Para esto debe utilizar todos los recursos que le parezcan necesarios: coherencia en la estructura, puntuación correcta, léxico preciso y eliminación de las características del lenguaje oral.

Número de palabras: entre 150 y 200.

Las verdades sobre el aceite de oliva virgen extra

La gente no tiene claro qué es el aceite virgen extra, porque las grandes superficies y las marcas blancas, han hecho muchísimo daño y bueno, la gente cree que comprando un producto donde pone *aceite de oliva* está comprando el verdadero zumo de aceituna y evidentemente sabemos… ya deben de saber que una persona que compra aceite de oliva solamente con la denominación aceite de oliva está comprando refinado y mezclado, y por tanto, bueno, pues queda mucho todavía por descubrir de este producto y esto y bueno, en cualquier caso, cuando uno se dirige a un, a cualquier centro comercial o a cualquier establecimiento a comprar aceite de oliva, por favor, que siempre, siempre compre aceite de oliva virgen extra. La única manera que tenemos de saberlo es comprar en un establecimiento donde el responsable de ese establecimiento asegure, con la etiqueta en la mano, por supuesto, ¿eh? que se trata de aceite de oliva virgen extra o acercarse a muchas de las páginas web que están vinculadas a los productores de este producto y comprarlo directamente de la almazara.

Pero como tú bien sabes hay muchísimos elementos, o al menos dos, que sirven para estropear el virgen extra, como es la luz y es el aire. Cuando tenemos unas estanterías donde por ejemplo le está dando permanentemente el sol, el aceite cuando vamos a comprarlo ya no es virgen extra. La denominación de origen, además, hace revisiones periódicas y esa denominación de origen te está certificando el origen y la calidad del producto.

Fernando Ortega,
creador de *iloveaceite.com*

Preparación Diploma de Español (Nivel C2)

DESCRIPCIÓN DE LA TAREA 3

- En esta tarea el candidato debe **escribir un texto (un informe, un artículo, una carta al director, una entrada en un *blog*...)** a partir de apoyos gráficos (estadísticas, dibujos, viñetas, frases...) o escritos muy breves.

- La redacción del texto se realizará a partir de la información que se pueda extraer de los apoyos gráficos y debe acompañar a estos.

- La extensión del texto es de **200-250 palabras.**

CARACTERÍSTICAS DE LA TAREA 3

- En esta tarea se mide la **capacidad de extraer datos** a partir de gráficos, estadísticas, etc., y de presentar la información de forma coherente, cohesionada y jerarquizada.

- Para ello debe hacerse uso de recursos para extraer, clasificar, valorar, comparar, contrastar y, en ocasiones, prever la evolución de la información dada.

Presentación del contenido	**Exposición de los datos**
• El estudio de... realizado por... en... • Se trata de un estudio/una investigación llevado/a a cabo por... en... • Los resultados... demuestran...	• En... de los... se observa/se constata... • Se registra/registró un/una... del... %. • La cifra es/fue de.../asciende a... • El porcentaje/La media es/fue del... %. • Se produjo/Se produjeron... por cada 1 000/100... habitantes.
Datos en aumento/disminución	**Datos iguales, aproximados y contrastados**
• El porcentaje de... rebasa al de... en... %. • En 2000 había... y en... hay/había... • El número de... ascendió a/descendió en... • El/La... aumentó/disminuyó un... % de media. • La subida/El ascenso fue de.../del... por ciento. • La tasa pasó del... % al... %. • La tasa/La caída sobrepasó/se ralentiza... • Tras... el/los... con mayor porcentaje es/son... • La caída es del/ronda el... %. • El uso/consumo... es mayoritario/minoritario en... • El porcentaje de... es/fue/era del... %, solo por detrás de... • Tras descender la tasa en un... %, aumentó en... %.	• La igualdad se ha estancado en... • Cerca de/En torno a un/al... %. • Casi uno/dos/diez... de cada cinco/veinte/cien... • Es un porcentaje del... %, frente al... %. • A pesar de que/Pese a que... • Por un lado..., por otro... • El dato/La media en... es de..., mientras que en... la media es de... **Datos previstos** • La/El... seguirá siendo... • Es de prever que... • Se prevé que... • El/La previsible... • La previsión es de/del...

TAREA 3

En el municipio donde usted reside se ha tomado conciencia del problema de los residuos sólidos urbanos (RSU). Con el fin de animar a la gente a que recicle, se va a hacer una campaña de sensibilización, para la que han contado con su ayuda.

A partir de los siguientes gráficos, que recogen los motivos por los que los hogares no separan residuos y los hogares que sí lo hacen, elabore un estudio de la cuestión, en el que ponga de manifiesto los aspectos más relevantes que debe tener en cuenta su municipio en la mencionada campaña.

Número de palabras: entre 200 y 250.

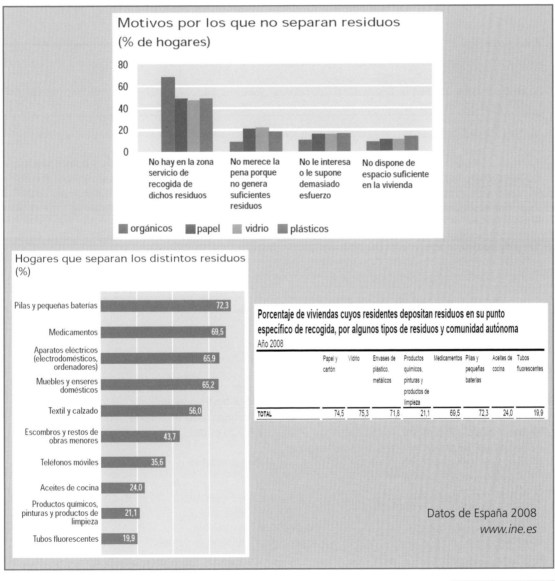

Porcentaje de viviendas cuyos residentes depositan residuos en su punto específico de recogida, por algunos tipos de residuos y comunidad autónoma
Año 2008

	Papel y cartón	Vidrio	Envases de plástico, metálicos	Productos químicos, pinturas y productos de limpieza	Medicamentos	Pilas y pequeñas baterías	Aceites de cocina	Tubos fluorescentes
TOTAL	74,5	75,3	71,8	21,1	69,5	72,3	24,0	19,9

Datos de España 2008
www.ine.es

Anote el tiempo que ha tardado:

Recuerde que solo dispone de **150 minutos**

Destrezas integradas: c. de lectura
y expresión e interacción orales

DESCRIPCIÓN DE LA PRUEBA 3

- En la prueba 3 se integran y se unen destrezas de manera similar a como se hace en la vida real.

- Esta prueba consta de **3 tareas** y se centra en el ámbito público, profesional o académico.

- Las tareas constan de actividades de uso de la lengua como son la comprensión, la expresión, la interacción y la mediación.

- La duración de esta prueba es de **20 minutos.**

- Además el candidato cuenta con **30 minutos** para la preparación de su intervención en la tarea 1.

DESCRIPCIÓN DE LA TAREA 1

- En esta tarea el candidato debe **comprender y transferir información de dos o tres textos diferentes** (entre 700 y 800 palabras en total) y **de una o dos imágenes** (gráficos, esquemas, humor gráfico, etc.), que expresan diferentes aspectos, circunstancias u opiniones sobre un mismo tema (pueden ser contrarios o no, pueden tener informaciones diferentes y registros diferentes).

- La tarea consiste en **hacer un monólogo sostenido** en el que el candidato utilizará los materiales que se le han proporcionado como base para elaborar un discurso adaptado al nivel de formalidad que requiere una presentación preparada en una situación de examen.

- El candidato dispone de textos escritos y estímulos gráficos pertenecientes al ámbito académico, profesional, público, y de indicadores sobre contenido o el tipo de monólogo que tiene que enunciar.

Adaptado del Instituto Cervantes. Modelo de examen

CARACTERÍSTICAS DE LA TAREA 1

Preparación:
- El tiempo de preparación es de **30 minutos**.
- La preparación se realizará en **una sala aparte**. **No** se podrá **escribir en el material** original que le proporcionen.
- Puede escribir y **tomar notas** en otro papel que podrá **consultar, no leer,** en el momento de la exposición.

Desarrollo de la tarea:
- Se iniciará con unas **preguntas de contacto** que no puntúan.
- El tiempo de exposición o monólogo es de **6-8 minutos**.
- Mientras usted hable, el **entrevistador permanecerá callado**.
- Solo en el caso de que usted se sienta nervioso o bloqueado intervendrá el entrevistador para ayudarle.
- En la exposición debe **hacer uso de todos los documentos** que le han proporcionado: textos, gráficos, etc.

- **Si no se cumple el tiempo** de exposición o si no ha hecho uso **de todos los documentos,** el entrevistador puede **hacerle preguntas** sobre ellos.

Para la evaluación de esta tarea se tendrá en cuenta:

- La **presentación personal de la información extraída** a partir de **todas las fuentes ofrecidas**, así como la calidad y la pertinencia de la misma.
- La **organización** adecuada de la información: relaciones lógicas, progresión del tema.
- Uso adecuado de **conectores**, demostrativos, pronombres…
- **Pronunciación clara y natural**. Entonación capaz de expresar matices de significado.
- **Elevado dominio gramatical**, sin errores o casi imperceptibles. Capacidad de autocorrección.
- **Uso personal y creativo de las reglas gramaticales.**
- **Léxico adecuado al tema** en cantidad, variedad y precisión.
- Dominio de grupos de palabras, fórmulas, expresiones...

20 **min** Tiempo disponible para las 3 tareas.

30 **min** Tiempo disponible para la preparación de la intervención oral.

TAREA 1

EL CAMBIO CLIMÁTICO

A finales de 2011 se celebró en Durban, Sudáfrica, una nueva cumbre sobre el cambio climático, en la que se trató el efecto invernadero producido por las emisiones de CO_2 en la atmósfera y el desafío de impedir el aumento de la temperatura de la tierra, que podría tener consecuencias devastadoras para el planeta.

Prepare una presentación de 6-8 minutos sobre el cambio climático en el que explique al entrevistador:

- cuál es la situación actual sobre las emisiones de CO_2 y sobre el uso de energías renovables;

- qué efectos puede tener el aumento de la temperatura de la tierra;

- la controversia existente sobre el cambio climático.

Para preparar su intervención cuenta con los siguientes materiales de apoyo. Utilícelos todos, seleccionando de cada uno de ellos la información que considere oportuna:

- Gráficos 1. *Participación en las emisiones mundiales de CO_2 y de GEI, Gases de Efecto Invernadero*

- Gráficos 2. *Consumo de electricidad procedente de fuentes de energía renovables*

- Texto 1. *Qué es el cambio climático*

- Texto 2. *El futuro del cambio climático*

Gráfico 1

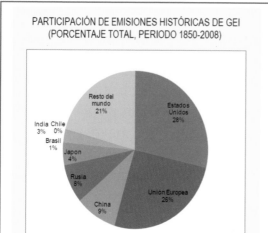

PARTICIPACIÓN DE EMISIONES HISTÓRICAS DE GEI
(PORCENTAJE TOTAL, PERIODO 1850-2008)

Resto del mundo 21%
Estados Unidos 28%
India 3% Chile 0%
Brasil 1%
Japón 4%
Rusia 8%
China 9%
Unión Europea 26%

Fuente: Climate Analysis Indicators Tool 9,0. Resources Institute.

PARTICIPACIÓN DE EMISIONES MUNDIALES DE CO_2
(PORCENTAJE TOTAL, AÑO 2008)

Unión Europea 12.2%
Resto del Mundo 32.9%
Estados Unidos 17.0%
Chile 0.2%
Brasil 1.2%
Rusia 5.3% Japón 3.8%
India 5.4%
China 21.9%

Fuente: Banco Mundial.

www.lyd.com

Gráfico 2

Sociedad

Consumo de electricidad procedente de fuentes renovables[1]

Año 2006	%
Austria	56,6
Suecia	48,2
Letonia	37,7
Rumanía	31,4
Dinamarca (*)	28,2
Finlandia (*)	26,9
Eslovenia	24,4
Eslovaquia (*)	16,5
Portugal (*)	16,0
España (*)	15,0
Italia	14,5
UE-27 (*)	14,0
Francia	12,4
Bulgaria	11,2
Alemania (*)	10,5
Grecia (*)	10,0
Irlanda	8,5
Países Bajos	7,9
Rep. Checa	4,9
Hungría (*)	4,6
Reino Unido	4,6
Lituania	3,6
Luxemburgo	3,5
Polonia	2,9
Bélgica (*)	2,8
Estonia	1,4
Chipre	0,0
Malta (*)	0,0

1: Cociente entre la electricidad producida a partir de fuentes renovables y el consumo nacional bruto de electricidad en un año

*: dato de 2005

Consumo de electricidad procedente de fuentes de energía renovables 2007 (%)

Austria	59,8
Suecia	52,1
Letonia	36,4
Portugal	30,1
Dinamarca	29,0
Rumanía	26,9
Finlandia	26,0
Eslovenia	22,1
España	20,0
Eslovaquia	16,6
UE-27	15,6
Alemania	15,1
Italia	13,7
Francia	13,3
Irlanda	9,3
Países Bajos	7,6
Bulgaria	7,5
Grecia	6,8
Reino Unido	5,1
República Checa	4,7
Lituania	4,6
Hungría	4,6
Bélgica	4,2
Luxemburgo	3,7
Polonia	3,5
Estonia	1,5
Chipre	0,0
Malta	0,0

Fuente: Eurostat

ww.ine.es

Texto 1

Qué es el cambio climático

Pavorosas sequías en África -con sus correspondientes hambrunas-, desaparición de especies, inundaciones en Centroeuropa y Asia, huracanes en el Caribe, tifones en Asia, escasez de nieve en los Alpes, deshielo en el Himalaya y los polos... Desde hace años, los científicos ven un claro culpable detrás de buena parte de los males que asolan el planeta: el hombre.

LA actividad humana está generando año a año un incremento de las emisiones de gases de efecto invernadero, que provocan el 5 progresivo e imparable aumento de las temperaturas del planeta. Intentar mitigar sus efectos está en nuestras manos, pero aún queda mucho por hacer, y los efectos del calentamiento global son ya 10 inequívocos e imparables.

Pero si la situación es mala ahora, el futuro no se nos depara agradable. Los informes científicos son incuestionables: La Tierra se ha calentado 0,74 grados 15 centígrados durante los últimos 100 años, y lo seguirá haciendo a un ritmo de 0,2 grados por década. Y aunque en la atmósfera la concentración de dióxido de carbono ha disminuido a causa de la cri-20 sis económica, las perspectivas de futuro no son buenas.

El cambio climático ya está provocando la muerte de unas 315 000 personas cada año como consecuencia del hambre, las 25 enfermedades y los desastres naturales vinculados a su impacto en La Tierra. Según un informe, afecta de forma grave al bienestar de aproximadamente 325 millones de personas, y se espera 30 que este número se duplique en 20 años, hasta alcanzar a un 10% de la población mundial. De acuerdo con este informe, las pérdidas económicas vinculadas al cambio climático superan los 125 000 35 millones de dólares cada año (unos 90 000 millones de euros), y es probable que esta cifra aumente hasta 300 000 millones para el año 2030. Los países en vías de desarrollo soportan este impacto 40 en un 90%, aunque contribuyen menos del 1% de las emisiones contaminantes que están calentando el planeta.

Paliar desastres como estos está en manos de la comunidad internacional que, 45 poco a poco, va tomando conciencia del problema. En octubre de 2009 los ministros europeos de Medio Ambiente acordaron que la Unión Europea reduzca sus emisiones de dióxido de carbono (CO_2) 50 en 2050 entre el 80 y el 95% respecto a los niveles de 1990, siempre que otros países hagan el mismo esfuerzo. Pero para que el esfuerzo comience a ser fructífero, es necesario que las promesas se 55 concreten y, sobre todo, la implicación de un gigante, EE. UU.

Adaptado de www.elmundo.es

Texto 2

El futuro del cambio climático

LOVELOCK:
La catástrofe es
irreversible

TESIS: La humanidad se dirige a un desastre ecológico inevitable y casi inmediato.

DEFENSOR PÚBLICO: James Lovelock, científico reconocido y polémico. Su teoría se recoge en el libro *La venganza de Gaia*. Lovelock asegura que el deterioro del planeta es irreversible, que el sistema está moviéndose a un momento crítico del que tardará siglos en recuperarse y que, en menos de un siglo, solo habrá 500 millones de humanos que sobrevivan al cambio climático y todos ellos vivirán en el Ártico.

SOLUCIONES: Apuesta por la energía nuclear como energía imprescindible para conservar nuestra civilización, la única capaz de proporcionar alimentos, calor y electricidad a los supervivientes de la catástrofe climática.

AL GORE:
20 años para prevenir
el desastre

TESIS: El mundo avanza hacia su irremediable destrucción, pero aún hay remedio. El ser humano dispone de un máximo de 20 años para frenar este proceso.

DEFENSOR PÚBLICO: Al Gore, exvicepresidente de EE. UU. Alerta con datos escalofriantes: más de un millón de especies podrían extinguirse para 2050, ese mismo año no quedará hielo en el Ártico, en solo 25 años se doblarán las muertes por el cambio climático. Su objetivo es concienciar a la población de todo el mundo de su responsabilidad.

SOLUCIONES: Reducir las emisiones entre un 60 y un 80% en las próximas décadas, para estabilizar el incremento de temperatura en un máximo de dos grados. Diez sencillos gestos individuales: usar bombillas de bajo consumo, conducir menos, reciclar más, revisar los neumáticos, usar menos agua caliente, ajustar el termostato, plantar un árbol y desenchufar los aparatos eléctricos.

TOHARIA:
No se puede asegurar
qué va a pasar

TESIS: Existe un calentamiento del planeta demostrable científicamente y provocado por el hombre, pero no tenemos datos suficientes para predecir las consecuencias del mismo en un sistema complejo como La Tierra.

DEFENSOR PÚBLICO: Manuel Toharia, climatólogo famoso. Su libro: *El clima, el calentamiento global y el futuro del planeta*.

El planeta se está calentando debido al efecto invernadero, pero no se puede adivinar el futuro en lo tocante al clima. No conocemos las consecuencias finales de este proceso y critica a los que apoda como «fundamentalistas medioambientales» por hacer predicciones sin base científica. El cambio climático es una constante en la historia de La Tierra.

SOLUCIONES: No hay alternativa a la actual producción de energía a través de combustibles fósiles. La actitud individual es una gran arma contra el calentamiento global. Si los ciudadanos de los países no malgastásemos recursos, el problema disminuiría.

Adaptado de www.elmundo.es

En caso de que no se cumpla el tiempo mínimo de exposición (6 minutos), el entrevistador puede pedir al candidato que se extienda en algún punto o aspecto concreto que haya pasado por alto, antes de pasar a la siguiente tarea:

- *¿Cuáles son los datos más relevantes de las emisiones de CO_2 en el mundo? ¿Hay países o grupos de países donde estén disminuyendo o aumentando?*

- *¿Cómo está evolucionando el uso de las energías renovables en el mundo?*

- *¿Cuáles son los principales efectos y consecuencias del cambio climático?*

- *¿Qué discrepancias existen sobre el futuro del cambio climático?*

DESCRIPCIÓN DE LA TAREA 2

- Esta tarea consiste en **participar en una conversación con el entrevistador respondiendo a sus preguntas,** debatiendo con él o refutando sus argumentos cuando lo considere oportuno, o aclarando su opinión o punto de vista cuando le sea requerido.

- La duración de esta tarea es de **5-6 minutos.**

- Las preguntas, argumentaciones o aclaraciones están relacionadas con el tema de su exposición de la tarea 1.

- Unas preguntas serán de carácter general y otras tocarán el tema de forma más personalizada.

CARACTERÍSTICAS DE LA TAREA 2

En la evaluación de esta tarea se tendrá en cuenta, además de todo lo expuesto en la tarea 1, lo siguiente:

- Uso adecuado de recursos para participar en una conversación: confirmar que se ha comprendido la pregunta, aportar la información que se le pide, reaccionar de forma adecuada ante sus preguntas y observaciones…

- Ser capaz de tomar la iniciativa en la interacción si la ocasión lo requiere.

- Desenvolverse con naturalidad, fluidez, sin esfuerzo aparente y sortear bien las dificultades.

- Saber controlar bien el ritmo del discurso y la duración de las pausas, tanto en cantidad como en duración.

TAREA 2

CONVERSACIÓN SOBRE LA PRESENTACIÓN

En una conversación con el entrevistador sobre el tema de la tarea 1: El cambio climático, *amplíe la información, defienda con argumentos su propio punto de vista y personalice los temas.*
Duración: de 5 a 6 minutos.

AMPLIACIÓN DEL TEMA

- **EL CAMBIO CLIMÁTICO.** ¿Con cuál de las tres posturas del texto 2 referentes al futuro del cambio climático está usted más de acuerdo? ¿Puede argumentar su opinión? Hay muchos científicos que consideran que no hay evidencias científicas de que se vaya a producir este cambio. ¿Está usted de acuerdo? ¿Puede explicar su punto de vista?

- **LAS CAUSAS DEL CAMBIO CLIMÁTICO.** ¿Cree usted que las emisiones de CO_2 son realmente las causantes del cambio climático? Aparte de esto, ¿puede explicar cuáles son, a su juicio, las actividades humanas que más dañan el medio ambiente?

- **LAS CONSECUENCIAS DEL CAMBIO CLIMÁTICO.** ¿Cuáles son en su opinión los efectos más negativos del cambio climático? ¿Y cuáles le parecen secundarios y menos importantes? ¿Qué cree que pasará cuando los países emergentes adopten el sistema de vida de los países más avanzados? ¿Puede explicar su opinión?

– **LOS ACUERDOS Y CUMBRES SOBRE EL CAMBIO CLIMÁTICO.** ¿En qué medida cree que los países están siendo eficaces para detener o reducir las emisiones de gases contaminantes? ¿Cree que las cumbres, como la de Durban, y los acuerdos sobre el clima, como el protocolo de Kioto, sirven para algo? ¿Puede argumentar su opinión?

– **LAS ENERGÍAS RENOVABLES.** ¿Qué opina sobre la energía nuclear, después de los casos de Fukushima y Chernóbil? ¿Cree que es posible la sustitución de la energía nuclear por otras fuentes más respetuosas con el medio ambiente? Desde su punto de vista, ¿cuáles son las energías renovables que llegarán a implantarse en el futuro? ¿Por qué?

PERSONALIZACIÓN DEL TEMA

– **COMPARACIÓN** entre países. ¿Cuál es la situación medioambiental de su país? ¿Hay algún tipo de política o ley sobre este aspecto? ¿Puede explicar lo más relevante sobre la biodiversidad, el uso de las energías renovables, los principales problemas que tienen…? ¿Puede matizar y precisar la respuesta? ¿Existe un sistema de reciclaje? ¿Puede explicarlo?

– **OPINIÓN PERSONAL.** ¿Cuál es su opinión personal sobre el tema del medio ambiente y del cambio climático? ¿Cree que los ciudadanos podemos contribuir con pequeños gestos a la mejora del medio ambiente? ¿Podría enumerar alguno? ¿Usted realiza algún tipo de acción para protegerlo? ¿Suele reciclar? ¿Puede precisar su respuesta?

DESCRIPCIÓN DE LA TAREA 3

- Esta prueba consiste en **leer los titulares** de varias publicaciones en español, **decir cuál le gusta más o menos** o con cuál está de acuerdo y por qué, argumentando su postura.

- Se establecerá de manera improvisada una conversación informal con el entrevistador de alrededor **de 5 minutos**, en la que deberá intercambiar sus opiniones, responder a sus preguntas e interactuar adecuadamente, casi con el nivel de un nativo.

CARACTERÍSTICAS DE LA TAREA 3

- A veces no dominará el tema de los titulares, pero esto no implica que no pueda argumentar nada, ya que a partir de ellos siempre podrá opinar o cuestionar alguna cosa.

- En el caso concreto que nos ocupa se habla del consumo de alcohol, del botellón y de las consecuencias de su práctica por la noche por parte de jóvenes fundamentalmente.

- Los temas derivados de los titulares de los cuales puede hablar son, por ejemplo:

- Botellón: qué es, dónde se hace, si se practica o no en su país (si conoce las leyes al respecto, mucho mejor), las consecuencias del botellón (suciedad en las calles, ruidos, desorden, borracheras, comas etílicos, accidentes de tráfico, delincuencia, alcoholismo…), cuándo o dónde se hace botellón (noche, día, calles, parques, ciudades, pueblos, fines de semana…), alternativas del botellón (abaratamiento de bebidas en locales, ofertas culturales y de ocio a los jóvenes…), si cree que es un problema de salud pública o de orden público…

- El alcohol y la salud: consecuencias del consumo excesivo de alcohol (enfermedades, trastornos psíquicos y de comportamiento), el porqué del uso abusivo del alcohol (problemas en la vida, ganas de divertirse, imitación del grupo, moda…), etc.

TAREA 3

Lea los siguientes titulares de prensa sobre el consumo de alcohol. Después inicie una conversación de tono informal con el entrevistador: ¿qué le parecen las opiniones reflejadas en dichos titulares?, ¿está de acuerdo con alguna de ellas?, ¿por qué?

EL PAÍS.com | **España**

Las sucias huellas del 'botellón'

Los vecinos de Chueca elaboran un mapa de puntos negros de higiene

ELPAIS.com > España

CATALÀ | **el Periódico.com**

Opinión — Imprimir

Una práctica juvenil que levanta polémica

Botellón: lo anormal es la represión

En una sociedad en la que el alcohol es legal, es hipócrita decir que beber en la calle es fomentar el consumo

---

elmundo.es SALUD

La noche y el día del alcohol

Entre para conocer cuáles son las fases de una borrachera, en qué consiste la resaca y cómo enfrentarse a ella.

Fuente: Pulevasalud, www.howstuffworks y elaboración propia

Gráfico e información: Gracia Pablos

---

minutos.es
Proponen alternativas para no beber en la calle

El Ayuntamiento programa una veintena de actividades. Un ocio distinto al botellón en horario nocturno de jueves a domingo.

Es lo que ofrece el programa Enrédate, del Ayuntamiento, a los jóvenes para que abandonen las concentraciones con alcohol en las plazas de la ciudad.

Las actividades del presente curso comenzarán a funcionar este fin de semana con rutas por los bosques de la Alhambra, la ciudad antigua, la vega y hasta el camino de los Neveros.

PRUEBA 1 Y 2  Comprensión auditiva

Cada pista está grabada una sola vez. Recuerde que para oírlas dos veces tendrá que volver a pulsar la pista correspondiente.

CD I				
	Pista 1	Examen 1	Prueba 1	**Tarea 4**
	Pista 2	Examen 1	Prueba 1	**Tarea 5**
	Pista 3	Examen 1	Prueba 1	**Tarea 6**
	Pista 4	Examen 1	Prueba 2	**Tarea 1**
	Pista 5	Examen 2	Prueba 1	**Tarea 4**
	Pista 6	Examen 2	Prueba 1	**Tarea 5**
	Pista 7	Examen 2	Prueba 1	**Tarea 6**
	Pista 8	Examen 2	Prueba 2	**Tarea 1**
	Pista 9	Examen 3	Prueba 1	**Tarea 4**
	Pista 10	Examen 3	Prueba 1	**Tarea 5**
	Pista 11	Examen 3	Prueba 1	**Tarea 6**
	Pista 12	Examen 3	Prueba 2	**Tarea 1**

CD II				
	Pista 1	Examen 4	Prueba 1	**Tarea 4**
	Pista 2	Examen 4	Prueba 1	**Tarea 5**
	Pista 3	Examen 4	Prueba 1	**Tarea 6**
	Pista 4	Examen 4	Prueba 2	**Tarea 1**
	Pista 5	Examen 5	Prueba 1	**Tarea 4**
	Pista 6	Examen 5	Prueba 1	**Tarea 5**
	Pista 7	Examen 5	Prueba 1	**Tarea 6**
	Pista 8	Examen 5	Prueba 2	**Tarea 1**
	Pista 9	Examen 6	Prueba 1	**Tarea 4**
	Pista 10	Examen 6	Prueba 1	**Tarea 5**
	Pista 11	Examen 6	Prueba 1	**Tarea 6**
	Pista 12	Examen 6	Prueba 2	**Tarea 1**